Felix Rohner-Dobler
Gott im Busch

Felix Rohner-Dobler

Gott im Busch

Ein spirituelles Gartenbuch

Kösel

Verlagsgruppe Random House FSC-DEU-0100
Das für dieses Buch verwendete FSC®-zertifizierte Papier
Condat Silk liefert Condat, Le Lardin Saint-Lazare, Frankreich

Copyright © 2011 Kösel-Verlag, München,
in der Verlagsgruppe Random House GmbH
Umschlag: Monika Neuser, München
Umschlagmotiv: http://davesgarden.com; by workenstiff 2007
Druck und Bindung: Kösel GmbH, Krugzell
Printed in Germany
ISBN 978-3-466-37004-7

Weitere Informationen zu diesem Buch und unserem gesamten lieferbaren Programm
finden Sie unter www.koesel.de

Inhalt

Auf der Gartenbank – Vorwort   7

Alles begann in einem Garten   11

Der Baum der Erkenntnis –
der Baum des Lebens   15

Die Weisheit des Gärtners   23

Gartenräume   29
Die Pforte – das Tor in deinen Garten   31
Zäune machen Gärten   39
Wege formen deinen Garten   44
Der grüne Rasen   48
Ein Garten für Kinder   53
Ein Platz für Menschen   57
Der Bauerngarten   61
Farbenfrohe Blütenpracht   64
Die Rose – Königin der Blumen   67
Der Nutzgarten   70
Früchte sammeln für die »kalte Zeit«   78
Mein Kräutergarten   83
Die Sache mit dem Unkraut   89
Fleißige Helfer im Garten und gefräßige Schädlinge   95
Ein Beet im Schatten   99
Andacht im Geräteschuppen   103
Gottes Schöpfung auf dem Balkon   106

Gartenzeit   109
Der Kreislauf des Jahres   112
Winter   113

Frühling   117

Sommer   121

Herbst   123

Der Kreislauf des Tages   128

Abend   128

Morgen   130

Mittag   131

Nachmittag   134

Vom richtigen Zeitpunkt   136

Erde, Wasser, Feuer und Luft –
Die vier Elemente im Garten   139

Der Humus   141

Das Wasser des Lebens   147

Feuer im Garten   151

Die ganze Schöpfung ist Tanz   156

Ein Zelt für Gott   161

Wieder auf der Gartenbank – Nachwort   170

Anmerkungen und verwendete Literatur   173

Literaturempfehlungen   174

Text- und Bildnachweis   175

Auf der Gartenbank – Vorwort

Ich sitze auf meiner Gartenbank und blinzle in die warme Abendsonne. Vor mir liegt unser Bauerngarten und mein Blick schweift über die unzähligen Blüten in Weiß, Rosa, Rot, Lila und Violett. Die frisch geschnittene Buchshecke verleiht dem Garten Struktur und der alte, rostige Eisenzaun tut das Seine dazu. Die großen Steine, die ich vor ein paar Jahren von der nahe gelegenen Ache herschleppte, bilden eine Art Kreuzgang und in der Mitte blüht tiefrot die alte englische Rose »Shakespeare«. Geschäftig summen und surren Bienen, Hummeln und andere Insekten herum und genießen wie ich die Blütenpracht. Die Luft ist klar und die Blätter der Pappeln rauschen angenehm im Hintergrund und erinnern mich an Süden und Urlaub.

Wenn ich Gartenfreunde frage, was sie an ihrem Garten so begeistert, dann antworten sie vielfach: »Mein Garten ist so voller Kraft und Spiritualität. Hier kann ich auftanken.« Oder: »Wenn ich in meinem Garten arbeite, grabe, wühle oder einfach Rosen schneide, dann fühle ich mich dem Herrgott einfach näher.« Ich glaube, nicht nur Mose hat vor Tausenden Jahren Gott in einem brennenden Dornbusch erfahren. Jede Gärtnerin und jeder Gärtner erfährt hin und wieder Gott in einem Busch, in einem Baum, in einer Blüte oder einem Gras …

Wenn wir mit unserem Garten verbunden sind, können wir aus ihm Kraft schöpfen und Heilung finden. Zudem schenkt uns die Arbeit im Garten so viel unendlich tiefe Weisheiten und wir erhalten Einsichten für das gesamte Leben: Für jede einzelne Pflanze muss der rechte Platz gefunden werden; es braucht das rechte Maß von Wasser, Sonne und Schatten. Ebenso sollen die rechten Nachbarpflanzen ausgewählt und dem Garten als Ganzes müssen entsprechende Grenzen und eine sichtbare Struktur gegeben werden. Auch braucht es Kompost und Humus und vieles andere mehr.

Gottes grüner Finger

Nach und nach bekommt ein spiritueller Gärtner eine Ahnung davon, dass es nicht nur die Pflanzen sind, die in seinem Garten wachsen, reifen und Früchte hervorbringen wollen. Als Gärtner und Gärtnerin bin auch ich ein Teil meines Gartens und will wachsen, reifen und Leben spüren. Als Mensch brauche ich einen stimmigen Platz in meiner Gemeinschaft, benötige Wasser, genügend Licht und Schatten, muss meine Grenzen zuerst erkennen und dann akzeptieren. Auch ich beanspruche guten, fruchtbaren Humus und produziere immer wieder Kompost und Mist.

Himmel und Erde sind zutiefst ineinander verwoben und gegenseitig voneinander abhängig. Aus Kompost werden Blumen und aus Blumen wird wieder Kompost.

Die tiefste und nachhaltigste Erfahrung aber, die ich als Gärtner machen durfte, ist die, dass mein Garten nicht durch mein Bemühen – nicht durch mein Bemühen allein – wächst, blüht und gedeiht. Mit meinem Garten verbindet mich etwas Tiefes und Wesentliches; es ist, als ob sich mein Garten und meine Seele gegenseitig berühren und befruchten. Trotz meines »grünen Fingers«, den Bekannte mir nachsagen, spüre ich, dass da ein »anderer grüner Finger« im Spiel ist; ein grüner Finger, der größer, weiter, tiefer ist, als alles, das ich mir vorstellen kann, der grüne Finger des Schöpfers.

So heißt es im Evangelium nach Markus:

Mit dem Reich Gottes ist es so,
wie wenn ein Gärtner Samen auf sein Feld sät;
dann schläft er und steht wieder auf,
es wird Nacht und wird Tag,
der Samen keimt und wächst
und der Gärtner weiß nicht wie.
Die Erde bringt von selbst ihre Frucht,
zuerst den Halm,
dann die Ähre,
dann das volle Korn in der Ähre.
Sobald aber die Frucht reif ist,
legt er die Sichel an;
denn die Zeit der Ernte ist da.
Markus 4,26–29

Das Reich Gottes ist in uns. Der Gärtner, der Samen und das Feld sind auch in uns. In uns drinnen ist Gottes Garten. Es blüht, wächst und reift ständig etwas in uns. Da ist immer etwas, das gerade heute geerntet werden will. Manches stirbt auch ab, wandelt sich und kann von Neuem entstehen …

Gottes Acker – das bist du

Wenn ich in meinem Garten mit meinen Bäumen und Blumen spreche, so sage ich einfach »du« zu ihnen, denn Bäume und Blumen sind Freunde und Freundinnen meiner Seele. So erlaube ich mir auch, dich liebe Leserin, lieber Leser, liebe Gärtnerin, lieber Gärtner, im Folgenden mit »du« anzusprechen, denn auch deine Seele möchte lieber mit dem persönlicheren »du« angesprochen werden als mit »Sie«. Und das Anliegen dieses Buches ist es, deine Seele zu erreichen.
Wenn du willst – neben mir ist noch ein Platz auf meiner Gartenbank frei. Setz dich doch neben mich und schau dich um! In meinem und in deinem Garten. Schau auf deine Bäume und Sträucher, deine Stauden und Blüten, deine Früchte und Beeren, deine Gräser,

9

deinen Rasen, deine Wege, Sitzplätze und die Accessoires deines Gartens oder auf die Töpfe und Kästen auf Balkon und Fensterbank.

Folge nicht nur deinen Augen, sondern auch deiner Nase! Folge den Düften, die sich so mannigfaltig in deinem Garten verschwenden. Spüre die Rinde deines Lieblingsbaumes und das vielleicht noch taufeuchte Gras an deinen Füßen. Pflücke ein Blatt in deinem Kräuterbeet: Melisse, Minze oder Salbei – und koste!

Lass dich von deinen Füßen zum Ort deines größten Gefallens tragen. Werde einfach nur still und lausche den Klängen deines Gartens: Vogelgezwitscher, das Rascheln der Blätter im Wind, eine Biene oder Libelle. Dein Garten ist voller Leben. Wo Leben ist, ist Bewegung, und wo Bewegung ist, da sind auch Geräusche, mögen sie noch so verhalten, leise und zart sein. So meint Schwester Maria Scholastika O.P. vom Kloster Arenberg, dass selbst das Aufbrechen einer Knospe hörbar wird; das sanfte Reißen der grünen Haut ist Bewegung, ist Geräusch, auch wenn es für unser Ohr kaum wahrnehmbar ist.

Wenn du so mit aller Aufmerksamkeit in deinem Garten lauschst, dann höre vielleicht von einem Baum, einer Blüte oder tief aus deinem eigenen Inneren ein leises Flüstern: »Dieser Garten hier, die Bäume, die Blüten: Das bist du! Du, Mensch, bist ein Acker. Ein Gottesacker! Göttin Gott hat Lust, in deinem Garten zu wohnen, und es ist deine Bestimmung, in deinem inneren und äußeren Garten Blüten und Früchte hervorzubringen zum Wohle deiner selbst und zum Wohle der Gemeinschaft, in der du lebst!«

Dieses Buch widme ich allen spirituellen Gärtnern und Gärtnerinnen, die ich kennenlernen durfte und die mich über alles Gartentechnische hinaus vieles für das Leben lehrten. Ganz besonderer Dank gilt meiner Frau Hildegard, die unseren Garten so liebevoll durchdachte und mit der es eine Freude ist zu arbeiten, zu gestalten und zu leben. Michaela Breit, Nadine Wagner und Winfried Nonhoff vom Kösel-Verlag danke ich für ihre Begeisterung und hilfreichen Anregungen an diesem spirituellen Garten-Projekt.

Dir, liebe Leserin, lieber Leser, wünsche ich beim Lesen meiner Texte und beim Betrachten der Fotos viel Freude und ebenso eine gesunde Neugierde beim Entdecken des Gartens deiner Seele. Ich wünsche dir auch, dass du die grundlegenden Erkenntnisse, die du durch die Beschäftigung mit deinem Garten über dich gewonnen hast, auch über den eigenen Gartenzaun hinaus in die Welt trägst.

Hard, Frühjahr 2011
Felix Rohner-Dobler

Alles begann
in einem Garten

Als vor mehr als 160 Millionen Jahren in irgendeinem Urwald dieser Welt die erste Knospe beinahe lautlos aufbrach und ihre Blütenhaut sprengte, da war kein Mensch da, der dieses wundersame Ereignis hätte bewundern können. Nicht einmal ein Affe war da, der dieses blaue, rote, weiße oder fliederfarbene Wunder hätte bestaunen können. Vor zwei Millionen Jahren erst richtete der erste Mensch sein Rückgrat auf und mit erhobenem Haupt schweifte sein Blick über einen wunderschönen Garten voller unterschiedlichster Grüntöne mit prachtvollen Blüten in allen möglichen Farben und Formen.

Bald schon spürten die Menschen eine tiefe Verbundenheit mit der gewaltigen und grenzenlosen Natur, spürten »etwas Ewiges« hinter den Kreisläufen von Sonne und Mond. Sie spürten die spirituelle Kraft von allen Bäumen und Heil bringenden Pflanzen. Bald machten diese Menschen auch die Erfahrung des Angeschlossen-Seins an dieses Ewige, machten die Erfahrung, dass sie Teil des Ewigen sind.

Schöpfungsmythen vom Uranfang

So erzählt der germanische Schöpfungsmythos von einem Uranfang durch das Zusammentreffen von Eis aus der dunklen Welt des Nordens und Funken aus der heißen Welt des Südens. Aus den daraus entstehenden Reiftropfen entwickelte sich eine milchreiche, hornlose Kuh, Riesen, Götter und Menschen und in der Folge dann drei Gärten: *Asgard* – der Garten der Götter, *Midgard* – der Garten der Menschen und *Utgard* – der Garten der Riesen.

Über den ganzen Erdkreis erzählen auch indianische, afrikanische und australische Schöpfungsmythen in unterschiedlichster Weise von einem göttlichen Uranfang in einem einzigartigen Garten. Alle Gärtner und Gärtnerinnen dieser Welt wissen ganz intuitiv, dass der Anfang gar nicht anders sein kann, als in einem Garten.

Der jüdisch-christlich-islamische Mythos erzählt uns die bekannte Geschichte vom Garten Eden. Gott schafft zu Beginn einen blühenden Garten. Der erste Satz der Bibel lautet: »Im Anfang schuf Gott Himmel und Erde …« Im hebräischen Urtext steht für Anfang: »bereschit«. Dieses Wort meint nicht einen *zeitlichen* Anfang vor sechstausend oder sechs Milliarden Jahren, sondern einen *prinzipiellen* Anfang. Auch sollten wir dieses erste Schöpfungsgedicht nicht in der Vergangenheitsform, sondern vielmehr in der Gegenwart erzählen. Also: »Im Prinzip schafft Gott Himmel und Erde …«, oder: »Im Prinzip schafft Göttin Gott jeden Tag, jeden Augenblick Himmel und Erde neu. Jedes Blatt, jedes Gänseblümchen, jeder Käfer, jedes Kätzchen und jedes Menschenbaby wird im Prinzip heute – hier und jetzt – von Gott neu erschaffen!«

Göttin Gott schuf nicht eine Erde vor Milliarden von Jahren und hat danach keinen Finger mehr krumm gemacht. Dein Garten, die Erde, ja der gesamte Kosmos ist ein großartiges lebendiges Wesen, das täglich neu wird. Diese ständige Wandlung siehst und erlebst du Tag für Tag in deinem eigenen Garten. Gott schuf nicht im Anfang, sondern Göttin Gott schafft immer und so ist die gesamte Schöpfung bis in die letzte Faser durchdrungen von Gottes Anwesenheit und Liebe.

Die zweite Schöpfungserzählung berichtet, dass in der Mitte des Gartens vier Flüsse entspringen. Da steht ein Baum, oder genauer zwei Bäume. Da sind zwei Menschen: Adam – der Erdling – und Eva – das Leben. Sie sind beauftragt, die Erde zu hegen, zu pflegen und allem, was da kriecht, fliegt, rennt oder still an seinem Platz verweilt, seinen Namen zu geben.

Dem Chaos des Lebens eine Struktur geben

In den Schöpfungsmythen der unterschiedlichsten Kulturen aus allen Erdteilen stecken verblüffende Ähnlichkeiten von einem göttlichen Uranfang in einem sagenumwobenen Garten. Manche Kulturen haben die Mythen von ihrem Nachbarvolk übernommen, doch wir finden solche Mythen auch bei Kulturen, die niemals Kontakt miteinander hatten. Forscher nehmen an, dass die Menschen eine tiefe Sehnsucht nach einem anfänglichen Garten haben, dass eine Sehnsucht im Menschen ist, die dem Chaos des Lebens eine Ordnung und Struktur geben will. Diese Mythen von paradiesischen Gärten des Anfangs entspringen demnach der tiefsten Tiefe der Seele, denn die Seele ist ein reicher Garten mit einer erfrischenden Quelle, aus der vier Lebensströme entspringen, um diesen Garten zu bewässern. Bäume, Sträucher und Stauden sprießen auf, reizvoll anzusehen und gut zu essen.

Auch von Jesus wird erzählt, dass er in seinen Gleichnissen immer wieder das Bild des Gartens aufgriff.

Das Reich Gottes ist inwendig in dir.
Denk dir ein Senfkorn.
Es ist das kleinste von allen Samen.
Das wirft einer auf sein Feld,
und es ist, als wäre es verloren.
Aber dann wird es groß,
größer als alle Gartenstauden
und schließlich groß wie ein Baum,
sodass die Vögel in seinem Gezweig
Nester bauen.
Matthäus 13,31–34

Während die Herrscher der Völker das gemeine Volk oftmals als unnütz, wertlos und störend betrachteten und auch die fromme, jüdische Oberschicht das Volk vom Lande als ungebildet, unzuverlässig und nicht brauchbar für das Reich Gottes ansah, fand Jesus hier ganz andere Worte. Er sah mit Respekt und Barmherzigkeit genau hin zu diesen einfachen Menschen und lehrte sie in einer Sprache, die ihre eigene war. Jesus zeigte auf den Ackerboden und sagte in etwa Folgendes: »In den Augen der Römer und Frommen seid ihr Dreck. Der letzte Dreck. Ich aber sage euch: Ihr seid Erde! Ihr seid Humus für die Welt! Erde ist etwas Schönes und Kostbares. An diesen fruchtbaren Äckern könnt ihr sehen, was ihr seid. Ihr seid der Ort, an dem Gottes Reich aufgehen will!«
Die Seele des Menschen ist Erde, fruchtbare Erde, aus der so vieles sprießen und wachsen will. Ein anderes Bild für den Menschen und seine Seele ist der Baum.

Der Baum
der Erkenntnis –
der Baum des Lebens

In der Mitte des paradiesischen Gartens Eden stehen zwei Bäume: der Baum des Lebens und der Baum der Erkenntnis von Gut und Böse. Adam und Eva essen trotz Verbot von der Frucht des Baumes der Erkenntnis. Erst jetzt sehen sie, dass sie nackt sind, und Gott selbst macht den »beiden Sündern« Gewänder und bekleidet sie. Dann spricht Gott: »Schau, der Mensch ist im Blick auf die Erkenntnis von Gut und Böse wie einer von uns geworden. Dass er nur nicht noch seine Hand ausstreckt, vom Baum des Lebens nimmt, isst und so ewig lebt« (Genesis 3,22). Er schickt sie fort aus dem Garten, damit sie auf dem Acker arbeiten, von dem sie genommen sind, und die Kerubim bewachen den Baum des Lebens mit flammendem Schwert.

Mythen beschreiben das Heute

Solche Mythen erzählen nicht, wie sich Geschichte vor Tausenden von Jahren ereignet hat, erzählen auch nicht, wie es »damals« tatsächlich passiert ist. Mythen beschreiben vielmehr das Heute. In symbolhafter Sprache und mit kraftvollen Bildern wollen sie unseren Blick der Wahrheit, dem Wesentlichen, dem inneren Kern und der Seele zuwenden.

»Im Anfang ist der Garten …«, hören wir da. Unser aller tatsächlicher Anfang ist der Leib unserer Mutter. Völlig frei und wohlig warm schwimmen wir im Urwasser der Fruchtblase unserer Mutter, fühlen uns geborgen im Berg der Gebärmutter und sind über die Nabelschnur verbunden mit »unserem Kosmos«, »unserer Göttin Gott«. Später – mit der Geburt – werden wir notwendigerweise getrennt und vertrieben aus diesem anfänglichen Paradies. Schritt für Schritt müssen wir »im Schweiße unseres Angesichts« lernen, uns in dieser kühlen und oftmals ungastlichen Welt zurechtzufinden; wir müssen für uns ein Ich-Bewusstsein entwickeln und Gut und Böse erkennen.

Es ist anzunehmen, dass die damaligen Menschen und insbesondere der geistreiche Poet dieses Mythos den Zwiespalt von Geborgenheit und Aufbruch, von Verbundenheit und Unabhängigkeit, von Beheimatet-Sein und Fremd-Sein in seinem Inneren selbst spürte, und gerade dies versuchte er im Bild vom Garten Eden und den beiden Bäumen in der Mitte zu beschreiben. Der Akt des Ungehorsams ist der Beginn der menschlichen Geschichte, denn es ist der Anfang menschlicher Freiheit.

Durch die Geburt lösen wir uns körperlich vom »Garten der Mutter« und werden im

»sozialen Garten der Familie« empfangen und aufgenommen. Jede Geburt ist jedoch ein Weg durch die Enge und hinterlässt ein mehr oder weniger tiefsitzendes Trauma. Jede Geburt ist eine Verwundung, der die Erfahrung von Trennung und Todesangst zugrunde liegt. So gehören Geburt und Tod zusammen und durchdringen sich gegenseitig. Beide sind Abschied und Ankunft zugleich. In der Geburt ist der Tod gegenwärtig und im Tod ist Neugeburt. Gäbe es den Tod nicht, nicht Leid und den Schmerz, wäre das Leben gleichgültig. Alles hätte seine gleiche Gültigkeit. Leben wäre beliebig, aufschiebbar und unverbindlich, weil unbegrenzt.

Es gibt kein Leben ohne Tod – so weiß auch der Autor dieses Mythos – und alles Leben ist begrenzt, ist endlich. Adam und Eva essen zwar vom Baum der Erkenntnis von Gut und Böse, doch vom Baum des Lebens kosten sie nicht und so müssen auch sie sterben. Der Tod befreit uns aus dem Kreislauf des Immer-Gleichen und der Langeweile. Sterben eröffnet die Möglichkeit der Neuwerdung, der Neugeburt, ja eröffnet überhaupt Zukunft. Gerade als Gärtner und Gärtnerin erleben wir Tag für Tag, wie Altes abstirbt und Neues geboren wird. Hautnah erfahren wir in unserem Garten Werden – Vergehen – Neuwerden und so dürfen wir manchmal mitten im Tag ein Fest der Auferstehung feiern.[1]

Der Mythos vom Anfang erzählt von unserem Anfang bei unserer eigenen Geburt, aber auch von jedem anderen Neuanfang. In unserem Leben erfahren wir immer wieder Abschied und Ankunft, Tod aus alten Zwängen und Neugeburt in eine offene Zukunft hinein. Im zarten Alter von zwei, drei Jahren lösten wir uns aus der Symbiose mit der Mutter und entwickelten das Bewusstsein eines eigenen Ichs. Dies ist eine biologische und psychologische Notwendigkeit. Jedes Kind erlebt diese schrittweise Trennung oft als Ungehorsam und Schuld gegenüber der »großen Mutter«, doch der Lohn dafür ist die Erkenntnis von Gut und Böse. Jeder Mensch trägt also in sich diesen Baum der Erkenntnis. Auch im Garten deiner Seele steht ein solcher Baum.

Der Weltenbaum

Viele Kulturen kennen einen Mythos vom Weltenbaum, der als Bild für den gesamten Kosmos gesehen wird und zum einen die ganze Welt, zum anderen jeden einzelnen Menschen unsichtbar zusammenhält. Der Baum greift mit seinen Wurzeln tief in die fruchtbare Erde; der senkrecht aufragende Stamm bildet eine Weltenachse, die axis mundi, und die Krone fängt mit ihrem Astwerk den Himmel ein. Der Weltenbaum ist die Nahtstelle zwischen Jenseits und Diesseits und verbindet die drei kosmischen Reiche Unterwelt, Erde und Himmel. Hier gleicht der Baum dem Menschen mit seiner Verwurzelung und Beheimatung, seinem Rückgrat und seiner Ich-Stärke, mit seinem Streben nach Freiheit und dem Bedürfnis, Früchte hervorzubringen. In unseren Breiten am bekanntesten ist der germanische Weltenbaum: die Esche (in manchen Deutungen auch Eibe oder Eiche) *Yggdrasil*.

Der Mythos vom Paradiesgarten und seinen Bäumen ist eine »Seelengeschichte«. Im Garten Eden können wir in die Welt unserer Seele eintauchen und mit dem Numinosen und Geheimnisvollen in Berührung kommen. In diesem Garten trennt den Menschen nichts von Gott, und wenn du eine Zeit in deinem Garten verweilst, kommst du als Verwandelter zurück. Ein Garten kann eine ungeheuere Bereicherung deines Lebens darstellen, denn in ihm erlebst du das Angeschlossen-Sein an das Grenzenlose.

Gerade in der zweiten Lebenshälfte werden viele Menschen sensibel für die Regungen der eigenen Seele und vernehmen ein starkes Verlangen, sich um den eigenen Innenraum zu kümmern. Wenn du gewahr wirst, dass dir im Leben etwas Entscheidendes fehlt, es an Tiefe mangelt und du dich in dir selbst nicht mehr wohlfühlst, dann weißt du, dass du die zweite Lebenshälfte erreicht hast. In der Lebensmitte ist für viele die Seele wie ein vernachlässigter Garten und der Baum in der Mitte, der Baum der Erkenntnis von Gut und Böse, ruft nun nach deiner vollen Aufmerksamkeit. Es gilt, Altes, Gewachsenes zu respektieren, Unkraut und Überwucherungen zu entfernen, manches muss neu angelegt werden: bebauen, pflanzen und bewässern … Nimm dir so viel Zeit, wie du dafür benötigst!

Paradies-Fenster im Alltag

Deine Seele, der Garten deiner Seele, lohnt es dir, wenn du sie siehst und würdigst. Sie schenkt dir leises Glück und das Gefühl von Zufriedenheit. Wenn du dich in dir und im Garten deiner Seele wohlfühlst, dann werden sich auch andere bei dir und in der Begegnung mit dir wohlfühlen. So befähigt dich die Pflege deines Seelengartens, nicht nur dir selbst, sondern auch anderen Menschen auf liebevolle Weise zu begegnen.

Besuche im Alltag immer wieder deinen Seelengarten. Wenn du mit Spaten oder Hacke in deinem Garten eine schweißtreibende Arbeit verrichtest, dann schenke dir ein paar Minuten Zeit und Raum. Lass deine Augen einfach zufallen und spaziere in der Fantasie durch deinen inneren Garten. Innehalten schafft Spielraum, Gelassenheit und Selbst-Bewusstsein. Ohne viel Zeit in Anspruch zu nehmen, eröffnen sie »Paradies-Fenster im Alltag«. Solch wortlose Gebete bringen dich in Kontakt mit dir selbst und deinen Sehnsüchten und schaffen innere Freiheit und Verbundenheit mit Göttin Gott und der gesamten Schöpfung.

ZUM AUSPROBIEREN:

In deinem inneren Garten wächst der geheimnisvolle Baum des Lebens. Schenk dir die Zeit und schlendere durch deinen inneren Garten. In der Mitte steht »dein Baum«. Gehe vorerst nicht direkt auf ihn zu, sondern wandle mit deinem inneren Auge in einem langen, weiten Bogen um deinen Baum herum und bestaune ihn erst einmal von allen Seiten. Vielleicht hältst du auch inne, setzt dich ins Gras und schaust ihn in voller Aufmerksamkeit an. Sag vorerst nichts, denn die Sprache ist bekanntlich die Quelle aller Missverständnisse.

Wie ist dein Baum gewachsen? Ist er jung, frisch und zart? Oder eher alt, weise, knorrig und wild? Um welche Sorte Baum handelt es sich? Ist es ein Laub- oder Nadelbaum? Trägt er Früchte? Wie sieht der Stamm von der Ferne aus, wie seine Krone? Erweckt der Baum einen gesunden Gesamteindruck oder kränkelt er an einer Seite?

Steh nun langsam wieder auf und nähere dich deinem Baum. Berühre seine Rinde, einen herabhängenden Ast, seine Zweige und Blätter und lass dich von ihm berühren. Schau auch auf die Wurzeln, die kraftvoll in den Bauch von Mutter Erde wachsen.

Nimm das Befinden deines Baumes in dich auf. Was braucht dein Baum von dir? Vielleicht mehr Licht, vielleicht nur Wasser oder ein nettes Wort und regelmäßige Besuche? Gib deinem Baum alles, was er braucht und du ihm gerne geben magst. Vielleicht entwickelt sich auch ein Dialog.

Der Baum in deinem Garten ist heilig. Er hat Früchte des Lebens. Lehn dich an seinen Stamm und spüre die Kraft, die auf dich überfließt. Wenn du spürst, dass du lange genug bei deinem Baum warst, dann nimm Abschied von ihm. Kehre langsam, in dem Tempo, das dir lieb ist, wieder zurück an deinen Platz. Wann immer du Lust dazu verspürst, besuche deinen Baum, besonders dann, wenn du erschöpft und müde bist, denn Bäume sind energetische Kraftquellen und können so richtig aufladen.

Die Symbolkraft eines Hausbaumes

Traditionelle Bauernhäuser stehen nie allein und nackt in der Gegend, sondern werden von einem mächtigen Baum überragt, der das Gebäude in die Landschaft integriert. Die Symbolkraft eines solchen Lebensbaumes versinnbildlicht die Lebenskraft der Bewohner dieses Hauses. Ein Hausbaum ist oftmals nicht nur schön anzuschauen, sondern hat ebenso eine Wächter- und Schutzfunktion. Er animiert und erinnert die Hausbewohner daran, über sich selbst hinauszuwachsen, Wind und Wetter zu trotzen und anderen Schatten zu spenden.

In kleinere Gärten werden wir eher niedrige Bäume pflanzen, wie Eberesche, Robinie und Weißdorn. Manche bevorzugen einen Nutzbaum – Apfel, Birne, Aprikose oder Kirsche. In größeren Gärten ist auch Platz für einen mächtigen Laubbaum, der zehn Meter und mehr misst und das Haus irgendwann weit überragt. Berg- und Spitzahorn, Buche, Eiche, Esche, Linde, Platane, Ulme oder auch Trauerweide sind hier sehr beliebt. Sie gelten als kraftvoller Schutzpatron für Haus und Bewohner.

Vor etwa 40 Jahren kam die Blautanne in Mode. Über Geschmack lässt sich freilich lange streiten, doch ein Nadelbaum gehört in den Wald und nicht zum Haus. Ein Laubbaum ist klug und wandelt im Kreislauf des Jahres seine Blätter. Die immergrünen Koniferen hingegen beschatten auch im Winter unnötigerweise Haus und Umgebung.

Traditionell wurde besonders in Bayern, Österreich, Schwaben, im Elsass und der Schweiz nahe des Bauernhauses oder der Scheune ein Holunderbusch gepflanzt. Der Name ist von der Göttin *Hulda* oder *Hulla* abgeleitet; bei uns besser bekannt unter dem Namen:

Frau Holle. Hulda ist die *Holde,* die mit ihrer *Huld* den Menschen nahe ist. In anderen Gegenden wird sie auch *Perchtha* oder *Bertha* genannt, was die *Leuchtende,* die *Strahlende* bedeutet.

Sie ist Urmutter, lichtweisende Muttergottheit und weise Frau. Sie macht das Wetter *(Frau Holle),* ist Göttin der Fruchtbarkeit, beschützt das Leben von Pflanzen und Tieren und kann die Menschen von Krankheiten heilen. Sowohl aus den Blüten als auch aus den Beeren lässt sich ein köstlicher und vor allem auch gesunder Saft herstellen.

Wer nach den Gesetzen dieser Erd- und Muttergöttin lebte – Brot aus dem Ofen holte, Äpfel zur Zeit der Reife pflückte und in einer älteren Fassung des Grimm'schen Märchens das volle Euter einer Kuh melkte –, der wurde reich belohnt, wie es im Märchen durch Goldmarie deutlich wurde.

So haben in den alten Kulturen alle Bäume – Eiche, Esche, Birke, Buche, Blutbuche, Eibe, Lärche, Linde, Pappel, Walnuss, Ulme – ihre besondere mythische Bedeutung. Für den spirituellen Gärtner und die Gärtnerin lohnt es sich, diese Sagen und Legenden rund um den eigenen Haus- oder Lieblingsbaum zu kennen (siehe Literatur, S. 168). So wurde der keltischen Sage nach der Zauberer Merlin unter einem Weißdorn begraben, die Esche gilt für Hildegard von Bingen als Sinnbild der »besonnenen Einsicht« und die Linde steht aufgrund ihrer herzförmig wachsenden Wurzel gemeinhin für die Liebe.

Die Weisheit
des Gärtners

Wenn du als Gärtner oder als Gärtnerin einige Jahre in deinem Garten Gemüse, Blumen, Gräser und Kräuter gepflanzt, gepflegt und geerntet hast, dann hast du sicherlich verspürt, welch enorme Kraft und Weisheit aus dem Hobby des Gärtnerns erwächst. Die Arbeit im Garten lehrt uns viel Grundlegendes und Wahrhaftiges für unser Leben im gewöhnlichen Alltag. Wer mit Klugheit einen Garten anlegt, lernt von den Pflanzen das rechte Maßhalten, lernt, sich gegen Überwucherungen abzugrenzen, und lernt, dass jede Pflanze ihre »Eigen-Art« hat und dass sie ihren speziellen Platz braucht. Gott selbst ist die »große Gärtnerin von Eden«, schafft Himmel, Erde, Berge, Meere, Tiere, Pflanzen und Menschen. Doch vor all diesem Schaffen steht die Weisheit. Sie sagt über sich selbst im Buch der Sprüche:

Die Ewige schuf mich zu Beginn ihrer Wege,
als Erstes all ihrer Werke von jeher.
Gewoben wurde ich in der Vorzeit;
zu Urbeginn, vor dem Anfang der Welt.
Bevor es das Urmeer gab, wurde ich geboren.
Bevor die Quellen waren, von Wasser schwer.
Bevor die Berge verankert wurden, vor den Hügeln wurde ich geboren.
Noch hatte sie weder Erde noch Felder erschaffen
oder den ersten Staub des Festlands.
Als sie den Himmel ausspannte, war ich dabei,
als sie den Erdkreis auf dem Urmeer absteckte,
als sie die Wolken oben befestigte,
als die Quellen des Urmeers kräftig waren,
als sie das Meer begrenzte, damit das Wasser ihren Befehl nicht überträte,
als sie die Fundamente der Erde einsenkte:
Da war ich der Liebling an ihrer Seite.
Die Freude war ich Tag für Tag und spielte die ganze Zeit vor ihr.
Ich spielte auf ihrer Erde und hatte meine Freude an den Menschen.
Buch der Sprüche 8,22–31[2]

Gärtnern macht weise

Die Weisheit spielt die ganze Zeit vor Gott und freilich spielt die Weisheit auch in deinem Garten. »Gärtnern macht weise!« Das wussten schon die frühen Mönche im Allgemeinen und Benedikt von Nursia im Speziellen. So legten sie in ihren Klöstern zahlreiche Gärten an. Die Arbeit mit *Humus* (Erde) macht nicht nur *human* (menschlich), sondern auch *humil* (demütig) und schenkt uns Humor, was eigentlich Feuchtigkeit bedeutet. *Humus, human, humil, Humor* entstammen alle derselben Wortwurzel, hängen zusammen und befruchten sich gegenseitig.

Gute Gärtner sind daher meist auch gute Pädagogen, denn sie wissen: Gutes Wachstum braucht einen guten Boden, braucht Sonne, Licht und Wasser. Das Wort Erziehung kommt eigentlich aus der Botanik. Erziehung von Kindern hat demnach mit der Ziehung von Pflanzen zu tun. Eine Pflanze können wir niemals verändern und manipulieren: Aus einem Apfelkern wird niemals ein Kirschbaum. Als »Pflanzen-Erzieher« können wir aber dem Apfelkern einen guten Boden bereiten, für Licht, Wärme und genügend Wasser sorgen, damit dieser Kern zu einem großen Baum heranwächst, der reife Früchte trägt.

Ebenso können wir in der Kinder-Erziehung als Eltern oder Lehrer lediglich Interesse zeigen am Seelenkern des Kindes und ansonsten eine gute Umgebung bereiten. Wir können dafür Sorge tragen, dass das Kind genügend Licht, Wärme und Liebe erhält, damit es den Garten seiner Seele entfalten und die ihm zugrunde liegenden Anlagen entwickeln kann. Damit also das Kind zu einem ganzen Menschen heranwächst, der reife Früchte für die Gemeinschaft hervorbringt, braucht es Eltern und Erzieher, die sich selbst auch als »Seelengärtner« verstehen. Meiner Meinung nach würde es den Lehramtskandidaten guttun, einen Grundkurs in Botanik belegen zu dürfen. Auch so manche Predigt wäre sicher um ein Vielfaches lebendiger, wenn der Pfarrer in seinem Pfarrgarten selbst Hand anlegte.

Als Gärtner erfahren wir Tag für Tag und Jahr für Jahr den Kreislauf des Lebens. Hautnah erleben wir im Garten das *Werden, Vergehen* und *Neuwerden* und können so in den spirituellen Tanz der Wandlung des Lebens einschwingen. Wenn du einen Menschen triffst, der meint, es gäbe keinen Gott, nichts »Höheres«, dann schick ihn einen Tag in einen Wald, in die freie Natur oder lass ihn in deinem Garten eine Zeit lang schaffen oder einfach nur nichts tun. Ich bin überzeugt, dass die mächtigen, alten Bäume, das fröhliche Gezwitscher der Vögel, der Tanz der Blumen im Wind, ja ein kleiner Marienkäfer solch einen Menschen Tiefe und Ehrfurcht vor Gottes Schöpfung lehren. Die *Kraft des Höchsten* wird ihn dort streifen und Liebe wird in ihm reifen, Liebe zu sich selbst, den Mitmenschen, der Schöpfung und dem letzten Sinn- und Daseinsgrund.

Das Wunder der Schöpfung

Die Natur, ob unberührt und wild oder von Menschen gestaltet und gepflegt, ist Heimat und Spielplatz der Weisheit. Hier geschehen Tag für Tag die Wunder Gottes. Friedrich Schiller hat die Wahrheit formuliert: »Wo kein Wunder geschieht, ist kein Beglückter zu sehn.« Er meint, dass das Glück nicht durch eigene Leistung erkauft oder durch eigene Anstrengung erwirkt werden kann. Glück ist letztlich immer Geschenk, immer ein Wunder, das vom Himmel auf die Erde herabfällt oder von der Erde dem Himmel entgegenwächst. Wunder erlebt die weise Gärtnerin und der weise Gärtner Tag für Tag im eigenen Reich.

Gärtnerinnen und Gärtner sind vor allem deshalb glücklich, weil sie diese einfachen Weisheiten immer wieder am eigenen Leib erleben:

- Wunder können wir nicht allein durch unsere Mühen erwirken.
- Wunder geschehen einfach.
- Wunder erleben die, die warten können. Die Gärtnerin sät im Frühjahr und muss warten, bis sie im Herbst ernten kann. Wer warten kann, entwickelt ein starkes Ich.
- Wunder überraschen. Auch wenn wir Erde aufgelockert, Samen gesät und gegossen haben: Die ersten zarten, grünen Spitzen, die neue Blüte, der rote Apfel bleiben immer Wunder und Überraschung. Unsere einzige würdige Reaktion kann nur Staunen und Dankbarkeit sein.

Rainer Maria Rilke sagte einmal: »Gott ist das Wunder in der Wüste, das dem Ausgezogenen geschieht.« Ich glaube, dass das »Wunder Gott« nicht nur in der kargen Wüste an uns geschieht, sondern auch in einer fruchtbaren Gegend, im Wald und auf der Wiese und freilich auch in deinem Garten. Voraussetzung ist die Haltung eines »Ausgezogenen«. Ein »Ausgezogener« zeichnet sich aus durch Neugierde und Offenheit, Nüchternheit und Gelassenheit; er kann wachen und warten, hat offene Augen, ein wahrnehmendes Herz und vor allem leere Hände. »Ausgezogen« ist ein treffliches Wort. Wir ziehen nicht nur aus unserem Elternhaus aus oder aus unserer angestammten Heimat. Wir ziehen auch unsere Kleider und Masken aus, bis wir ehrlich, nackt und in aller Ursprünglichkeit vor Gott und dem Wunder unseres Ursprungs stehen.

Wie im Sterntalermärchen weiß die Nackte und Ausgezogene: Wunder fallen aus den Himmeln herab und das Einzige, was wir tun müssen, ja tun können, ist: die leeren Hände zu einer Schale formen und das Wunder in Empfang nehmen. Als Beschenkte spüren wir, dass die einzige Reaktion darauf nur tiefe Dankbarkeit und das Lob an den Schöpfer sein kann. Wunder können wir nicht machen, doch die Haltung des Ausgezogenen können wir am Ort unseres Lebens und Wirkens einüben. Daher möchte ich im Folgenden die Räume deines äußeren und inneren Gartens meditieren, in ihre Mitte und ihren Kern wandeln, um so dem »Wunder Gott« gewahr zu werden.

Frei nach Rainer Maria Rilke möchte ich ausrufen: »Gott ist das Wunder in deinem Garten, das dir in deiner Nacktheit geschieht.«

ZUM AUSPROBIEREN:

Geh abermals in deinen Garten, setze dich auf deinen Lieblingsplatz und schau dich in aller Ruhe um. Nimm wahr, was du siehst, was du hörst, riechst oder fühlst. Achtsamkeit ist der Schlüssel zur Weisheit eines Gärtners und einer Gärtnerin. Lass die Eindrücke, die du mit deinen äußeren Sinnen wahrnimmst, in deinem Inneren widerhallen. Genieße diesen Augenblick. Carpe diem.

Nun folgt der nächste Schritt. Eine alte Försterweisheit besagt: »Bevor du im Wald ein Tier siehst, sehen tausend Tiere dich!« Ähnliches gilt für deinen Garten: »Bevor du etwas siehst, bist du ein Gesehener!«

Wenn du jetzt auf deinem Lieblingsplatz sitzt, dann lass dich daher auf folgendes Experiment ein: Schau nicht, was du in deinem Garten siehst, sondern lass dich von deinem Garten anschauen! Was sieht der Baum, wenn er dich anschaut? Was hört der Busch, wenn er dir lauscht? Und was riecht die Blume, wenn du an ihr vorbeigehst? Spüre die Verbundenheit mit den Pflanzen und Tieren deines Gartens. Sie sind deine Verbündeten. Wenn sie dich ansehen, schenken sie dir Ansehen und Göttin Gott, die in deinem Baum, deinem Busch und deiner Blume lebt, schenkt dir Ansehen, weil du ein Sohn, eine Tochter Gottes bist.

So sagt auch der Abt und Mystiker Bernhard von Clairvaux: »Glaube mir, denn ich habe es erfahren, du wirst mehr in den Wäldern (und in den Gärten) finden als in den Büchern. Bäume und Steine werden dich lehren, was du von keinem Lehrmeister hörst.«

Gartenräume

Ein Garten bietet unterschiedliche Räume. Da sind eine Rasenfläche, ein Obst- und Gemüsebeet, Buchs- und Buchenhecken, filigrane Gräser, gesunde Kräuter und üppige Blumen, die im Sonnenlicht in allen Farben erblühen und leuchten. Daneben wachsen saftige, grüne Funkienblätter und Waldmeister im Schattengarten.

Schneeglöckchen, Primel, Buschwindröschen, Narzissen, Schachbrettblumen und Tulpen sind im Frühjahr leise Boten von neu erwachendem Leben. In einer Vielfalt von Farben erfreut der Sommer unser Auge und unser Herz mit Rosen, Rittersporn, Malven und Sonnenhut. Kirschen, Himbeeren und Zwetschgen zeugen voller Kraft von sattem Leben. Im Herbst hingegen verfärben sich dann die Blätter der Bäume in den verschiedenen Gelb-, Orange-, Braun- und Rottönen. Früchte von Bäumen und Sträuchern, weiße und rosafarbene Anemonen und Astern in allen Höhen, Farben und Düften berauschen all unsere Sinne, bevor dann im Winter zwischen dem Schnee eine Christrose unter Beweis stellt, dass Mutter Erde zu jeder Jahreszeit neues Leben hervorbringen kann.

Vielleicht erfreust du dich in deinem Garten auch an einem kleinen oder größeren Teich mit Seerosen, Binsen und vielerlei Getier. Verschlungene Pfade und Wege führen von einem Ort zum anderen und mehrere Sitzplätze laden ein zum Verweilen und zum Staunen. Möglicherweise ist da noch ein Sandkasten für die Kinder oder Enkelkinder und natürlich gibt es auch einen Ort für den notwendigen Kompost.

In deiner Seele sind ebenfalls solche unterschiedlichen Räume und es treiben manch seltsame Blüten und köstliche Früchte in dir aus. Für ein gelungenes Mensch-Sein geht es darum, diese Räume der Seele zu erkunden, ihnen Geist einzuhauchen und ihnen ein Zuhause zu geben.

Im Folgenden lade ich dich, liebe Gärtnerin und lieber Gärtner, ein, diese Räume des äußeren und inneren Gartens zu besuchen und zu meditieren.

Die Pforte – das Tor in deinen Garten

Der Eingangsbereich zu deinem Haus und Garten ist ein ganz besonderer Ort, der den Besucher freundlich einladen kann, der vielleicht auch auf das Dahinterliegende neugierig macht oder aber mit seiner kühlen Schlichtheit unmissverständlich darauf hinweist, dass hier Privatgrund beginnt und Zutritt nur mit Erlaubnis gestattet ist. Dabei geht es nicht um eine Wertung des individuellen Geschmacks, sondern vielmehr um ein Erspüren, um die Mitteilung, die jede Gartenpforte und der dahinter liegende Garten hat, und freilich auch um das Geheimnis jenes Menschen, der sich in seinem Garten in seiner je eigenen Weise ausdrückt.

Mancher Vorgarten vermittelt mit immergrünem Efeu an der Wand und Buchsbäumchen am Weg eine ruhige Stimmung. Bei einem anderen Garten wird durch das Meer von Blüten schon vor der Eingangstür klar, dass hier das Reich einer leidenschaftlichen Gärtnerin beginnt. Heiter und farbharmonisch wiederholen sich vielleicht die weißen Blüten des Schneeballs mit der weißen Eingangstür oder die zarten, apricotfarbenen Kletterrosen wirken stimmig zur Farbe des Hauses.

Der Eingangsbereich heißt die Besucher und uns selbst willkommen und verdient daher unsere Aufmerksamkeit, egal ob wir einen ländlich-natürlichen, bäuerlich farbenfrohen, ruhig grünen oder einen schlichten, modernen Stil bevorzugen. Die Eingangspforte hinterlässt den ersten Eindruck und ist das Tor in deinen Garten. Mag es schmiedeeisern sein, wild verwachsen, alt und rostig oder ganz in Edelstahl. Vielleicht säumt auch eine formschöne grüne Hecke von Rotbuche, Liguster oder Eibe deinen Weg, oder ein kleines Gartentor aus Holz mit einem von Blüten umrankten Torbogen verströmt einen bezaubernden und betörenden Duft. Wo wenig Platz ist, können blühende Bodendecker, Kübel- und Topfpflanzen oder eine einladende Wegpflasterung mit Natursteinen die optische Führung übernehmen und so deinen Hauseingang deutlich und schön hervorheben. Dein Eingang ist *dein* Eingang. Er verrät etwas vom Geheimnis, das dich und dein Inneres umgibt.

Die Augen – das Tor zur Seele

Wenn du einem anderen Menschen oder im Spiegel dir selbst in die Augen blickst, dann siehst du oft weit und tief in die Seele und die Gefühle deines Gegenübers. Die Augen sind der kühlende Brunnen der Seele.

ZUM AUSPROBIEREN:

Schau dich im Spiegel an und betrachte deine Augen etwas genauer. Achte auch auf die paar Fältchen, die sich im Laufe der Jahre um deine Augen gebildet haben. Vielleicht ist da noch Platz für weitere Falten.

Kehre nun mit deiner Aufmerksamkeit zurück zu deinen Augen! Was siehst du? Was verbirgt sich hinter diesen Augen? Welche Klarheit tut sich dir auf? Welches Geheimnis macht dich jetzt, in diesem Moment, neugierig auf dich selbst? Welche Gedanken, welche Hoffnung tauchen aus dir auf?

Schau liebevoll in deine Augen. Du bist, wie du bist, und einen anderen, eine andere gibt es nicht. Sag doch einfach mal etwas Nettes zu dir! Du bist der einmalige und einzigartige Gärtner, die einmalige und einzigartige Gärtnerin deines wunderbaren Gartens.

Manche Menschen haben Schwierigkeiten, sich selbst etwas Nettes zu sagen. »Eigenlob stinkt!«, haben wir als Kinder gelernt. Im Laufe der Jahre habe ich allerdings gelernt: »Eigenlob duftet!« Diesen Spruch vom stinkenden Eigenlob müssen wohl sehr unsichere und herrschsüchtige Erwachsene für ihre Kinder erfunden haben, damit sie in blindem Gehorsam und gebückt durchs Leben gehen und sich ihrer eigenen Großartigkeit nicht bewusst werden.

Richtiger wäre zu sagen: »*Zu viel* Eigenlob stinkt!« Mindestens einmal am Tag solltest du dich selbst loben. Schau in den Spiegel, lächle deinem Spiegelbild freundlich zu und sage zu dir selbst: »Ich mag dich!« Das tut dir und deiner Seele unheimlich gut. Die Liebe zu sich selbst ist eines der wichtigsten Gebote:

Einmal wurde Jesus gefragt:
Welches ist das wichtigste aller Gebote?
Jesus antwortete:
Das wichtigste ist: Höre Israel!
Gott ist für uns Gott,
einzig und allein Gott ist Gott.
So liebe denn Gott,
Gottheit für dich,
mit Herz und Verstand,
mit jedem Atemzug,
mit aller Kraft.
Das zweitwichtigste Gebot lautet:
Liebe deine Nächste und deinen Nächsten,
wie du dich selbst liebst.
Kein anderes ist größer als diese zwei.
Markus 12,29–31[3]

Kein anderes Gebot ist größer als diese zwei. Eigentlich sind es jedoch drei Liebesgebote: Gottesliebe, Nächstenliebe und Selbstliebe. Sie sind die drei wichtigsten Gebote. Das Wort *Gebot* hängt etymologisch zusammen mit dem Wort *Buddha,* das *Erleuchteter* bedeutet. Die sieben Gebote Noahs, die zehn Gebote Mose und die drei Gebote Jesu sind keine Gesetze, die den Menschen kleinkriegen wollen, sondern tiefe Weisheiten, Erleuchtungen, die den Menschen zu Gott und zu sich selbst leiten wollen.

Bei der Nächstenliebe werden wir heute freilich auch die Natur, unseren Garten, ja die gesamte Schöpfung miteinschließen. In der Bibel wird für das Wort *lieben* oft *erkennen* verwendet. Wir erkennen uns und andere, wenn wir uns und die anderen auch wahrnehmen. Wenn wir etwas oder jemanden lieben, geht es darum, ihn in seiner Ganzheit, in seinem So-Sein, wahrzunehmen. Oder umgekehrt: Wenn wir uns selbst und unser Innenleben nicht schätzen und liebevoll annehmen, sind wir gar nicht in der Lage, unseren Nächsten überhaupt wahrzunehmen, geschweige denn ihn zu lieben.

Meister Eckhart empfiehlt deshalb: »Nimm dich selbst wahr!« Der Beginn des Weges zu Gott ist für ihn die Selbstwahrnehmung, die Wahrnehmung des eigenen Leibes und der eigenen Seele. Gott offenbart sich in der Seele des Menschen, im Inneren seines Gartens. Die zentrale Aufgabe des Menschen ist es, dass wir durch die Seele in Kontakt und in Berührung mit Gott und dem großen Ganzen kommen. Ziel aller Rituale, Sakramente und jeglicher mystischen Versenkung ist die Verbundenheit von Gott und Mensch. Ob durch »Einswerden von Gott und Seele«, wie in den östlichen Religionen Indiens und Chinas, oder durch das »Gegenübertreten von Gott und Seele«, wie in Judentum, Christentum und Islam: Immer ist das Ziel die Verbundenheit von Gott und Mensch, Himmel und Erde, Sakral und Profan, Hell und Dunkel. Dabei kann die Innigkeit zwischen Gott und dem Seelengarten des Menschen so intensiv werden, dass C. G. Jung einmal von einer »Art Verwandtschaftsverhältnis« von Gott und Seele sprach.

Du bist die Tür zum Leben

Das freundlich einladende Gartentor heißt uns und unsere Besucher in unserem Garten herzlich willkommen. Deine Augen sind ebenso solch ein freundlich einladendes Tor, das zur Mitte der Seele führt. Deine klaren Augen sind die Tür des Lebens und eine Einladung an deine Mitmenschen, bei dir zu Hause zu sein. Jesus sagt:

Ich bin die Tür; alle, die durch mich hineingehen, werden gerettet werden und hineingehen und hinausgehen und Weide finden.
Johannes 10,9

Was Jesus von sich sagt, gilt freilich auch für seine Nachfolgerinnen und Nachfolger. Jesus sagt: »Ich bin das Licht der Welt!« Und er sagt: »Ihr seid das Licht der Welt!« Auch wenn es nicht explizit in der Bibel steht, so gilt doch: »Ihr seid die Tür; alle, die durch euch hineingehen, werden gerettet werden und hineingehen und hinausgehen und Weide finden! Ihr seid die Tür; alle, die durch euch hineingehen, werden gerettet werden und hineingehen und hinausgehen und den inneren Garten finden!«

Neben den Augen gilt auch der Atem als Tor zum Garten der Seele. Durch den Atem verbinden wir Leib und Seele und kommen auf recht einfache Weise ins Hier und Jetzt. Das bewusste Atmen ist das Tor zu deinem inneren Garten.

ZUM AUSPROBIEREN

Schlendere gemächlich und ziellos durch deinen Garten und atme bewusst ein und aus. Halte auch immer wieder kurz inne. Atme den köstlichen Duft der einen oder anderen Blüte ein. Unser Gott ist ein sinnlicher Gott!

Lass dich von deinen Füßen tragen und lass dich von deiner Nase und deinem Atem leiten. Such dir einen Platz in deinem Garten, der dich momentan besonders anspricht.

Atme aus und atme ein. Nimm den Duft deines Gartens in dich auf und lächle dabei. Sag (oder besser: flüstere) in deinen äußeren und inneren Garten hinein:

Großer Gott!
Du Schöpferkraft, Weisheit und Liebe!
Kehr in meinen Garten ein!
Sei mir nahe und verbunden!
Amen.

Zäune machen Gärten

Als meine Frau und ich vor über zehn Jahren in unser neues Haus zogen, legten wir unseren neuen Garten an. Das Nachbargrundstück war eine große Wiese und so genossen wir nach Jahren der Mietwohnung die Weite vor unseren Augen. Sie war für uns Symbol der Freiheit. Keine Hecke, kein Maschendrahtzaun sollten unseren Blick behindern. Doch diese »unbegrenzte« Freiheit hatte auch Nachteile. Nicht nur wir sahen in die Weite vor unseren Augen. Auch die Nachbarn und die Leute von der Straße sahen in unseren Garten, und wir fühlten uns ungeschützt und beobachtet.

So errichteten wir zuerst einen kostengünstigen Weidenzaun. Später wurde daraus eine ansehnliche Rotbuchenhecke. Schon am ersten Abend, nachdem ich den Weidenzaun einpflanzte, erlebte ich diese Abgrenzung als Akt der Freiheit. Die grüne Begrenzung meines Gartens war eine wahre Wohltat für mein Gemüt. Ein Garten braucht eine Grenze, einen Zaun. Es wird sichtbar: Hier fängt etwas Besonderes an – da hört etwas auf. Grenzen sind daher nicht unbedingt Fesseln oder Symbol der Einschränkung. Grenzen sind ein gesunder Schutzwall nach außen und bilden nach innen jenen notwendigen Freiraum, der So-Sein und kreative Entfaltung ermöglicht. So wurde uns die grüne Weidengrenze zum Symbol von Freiheit.

Das Wort Garten stammt von *Gerte* ab. Gerten sind Weiden-, Haselnuss- oder andere Ruten, die – ineinander verflochten – den Garten umfrieden. Garten bedeutet ursprünglich »das (mit Gerten) umzäunte Gelände«, oder »umgürteter Raum«. Garten ist so mit einem *Gehege, Hag* oder einer *Hecke* umgeben. Auf diese Weise konnten naschhafte Ziegen, Kühe, Hühner und gegebenenfalls Wildtiere von den mühsam aufgezogenen Salat- und Gemüsepflanzungen ferngehalten werden.

Gard, (engl. *yard*) ist auch der Hof oder das Gehöft und ist mit dem slawischen *grad* – Burg, Befestigung, Umfriedung – verwandt, wie er in Eigennamen von Personen und Städten vorkommt. Der Garten steht seit alters her unter besonderem rechtlichen Schutz und es gilt ein »Gartenfrieden«.

Die Seele braucht eine Umfriedung

Was für außen gilt, gilt stets auch für innen und so braucht auch der Garten der Seele eine Umfriedung, eine Abgrenzung. Natürlich können wir weder Gott noch der Seele Grenzen setzen, denn Gott und Seele sind letztlich das Grenzenlose, das, was diese Welt überragt. Durch die Seele sind wir an das Ewige angeschlossen, ja, wir sind Teil des Ewigen. Wenn wir um die Verbundenheit von Erde und Himmel, Gott und Mensch wissen, erwächst daraus eine unglaubliche Kraft und Sicherheit, eine Geborgenheit und Liebe, die unser Herz und unser Rückgrat stärken.

Die Seele des Menschen ist aber gleichzeitig sehr feinfühlig, verletzbar, hilflos und ohnmächtig. Es ist daher für das Menschsein wichtig, zum einen die eigenen Grenzen anzunehmen und zum anderen sich immer wieder vor übergroßen, äußeren Belastungen abzugrenzen. Wenn dich das Leben in seelische Not und innere Bedrängnis stößt, wird es dir zum Segen, wenn du um deine Seele eine *Gerte* ziehst, die dich beschützt und dein Inneres zusammenhält. Hinter dieser Grenze entfaltet sich ein Freiraum, erblüht ein Garten, in dem es einen Baum oder einen Menschen gibt, mit dem du vorbehaltlos über das, was dich bedrängt, sprechen kannst. Im Garten deiner Seele gibt es jemanden, der dir wirklich zuhört. Mit ihm und mit ihr kannst du über alles sprechen, und du brauchst keine Angst zu haben, getadelt und zurechtgewiesen zu werden. Im Garten deiner Seele findest du eine Atmosphäre, in der es dir leichtfällt, dich auszusprechen.

Als Kind erfährt sich jeder Mensch immer wieder als hilflos und ohnmächtig. Oft versuchen wir Menschen dieser natürlichen Gegebenheit mit Allmachtsfantasien zu entfliehen. Wir reden uns dann ein: »Ich bin der Beste. Ich bin der Stärkste und kann alles, was ich will.« Diese Illusion ist letztlich unsere Ursünde: sein zu wollen wie Gott, keine Fehler zu haben und alles zu können, was wir wollen.

Erst wenn wir unsere Grenzen erkennen, uns unsere eigene Menschlichkeit und Ohnmacht eingestehen, werden wir demütig *(humil)* und gleichzeitig innerlich frei und menschlich *(human)*. Als Gärtner erleben wir, dass wir nicht nur ohnmächtig sind, sondern auch manches bewirken können. In unserem Garten vermögen wir zu gestalten, können dem Leben eine Form geben und haben viele Möglichkeiten. Dabei sollten wir aber immer unsere Grenzen im Blick bewahren. Ich kann nun mal nicht alles, was ich will, und ich muss auch spüren, was meiner Veranlagung, meinem Geschmack, der Größe meines Gartens und meiner Geldtasche entspricht. Dabei kann ich freilich an meine Grenzen gehen. Vor allem deshalb, um sie zu erfahren und sie ehrlich anzunehmen.

Bei jedem Reden über Gott und die Seele geraten wir in Widersprüche, kommen wir an ein Paradox. Die Seele braucht zum einen Grenzen; zum anderen verfügt jeder Mensch auch über einen Bereich der Seele, der grenzenlos ist, unzerstörbar und zu dem niemand Zugang hat, außer Gott und er selbst. Dies ist der tiefste Seelenkern, der Seelengrund, wie Meister Eckhart sagt, oder eben die Mitte meines Seelengartens, dort, wo der Baum des Lebens steht. Dieser tiefste Kern, das Zentrum eines jeden Menschen ist göttlich und immer heil. In der tiefsten Tiefe meines Selbst bin ich unverwundbar! Das hat viel Tröstliches und schenkt uns gleichzeitig enorme Kraft für die Aufgaben des Alltags.

An der Peripherie der Seele hat hingegen jeder Mensch mit Verletzungen und Wunden zu tun, die den Zugang zur eigenen Mitte erschweren oder gar verschütten. Wir alle erlebten und erleben im Laufe des Lebens »Stiche« und »Schläge«. Im Bild des Gärtners: Viele Menschen wurden – als sie noch kleine, zarte Pflänzchen waren – von einem ungeduldigen Gärtner an den Spitzen gezogen oder mit Kunstdünger zu schnellerem und ertragreicherem Wachstum gedrängt. Die einen erhielten zu viel, die anderen zu wenig Wasser. Vielleicht wurden auch gerade die Äste, die der Sonne kraftvoll entgegenwuchsen, zu heftig zurückgeschnitten oder von einem Apfelbäumchen wurde verlangt, dass es Birnen hervorbrächte.

Wir alle tragen also Wunden mit uns herum: die einen größere, tiefere, die anderen nur leichtere. Als Kinder konnten wir uns vielleicht nicht wehren; wir mussten manches verdrängen und entwickelten irgendwelche Muster, um den Schmerz nicht allzu heftig zu spüren. Als Erwachsene ist es allein unsere Entscheidung, ob wir unsere Wunden noch vertiefen und uns selbst noch mehr wehtun oder ob wir lernen, gut mit uns selbst und unserem inneren Garten umzugehen.

Vom heilsamen Umgang
mit kränkelnden Pflanzen

Als Gärtnerin hast du sicherlich Erfahrungen gesammelt, wie du mit kränkelnden Pflanzen umgehen kannst. Vielleicht veränderst du den Standort, probierst einen Biodünger, oder du redest deiner Pflanze einfach gut zu. In den Gleichnissen Jesu gibt es eine Fülle von Hinweisen, wie wir mit Unkraut und kränkelnden Pflanzen umgehen sollten. So dürfen wir den fruchtlosen Baum nicht gleich aufgeben, sondern sollten ihn abermals düngen und ihm eine weitere Chance geben. Dem Herzen Gottes kommen wir näher, wenn wir unser Mitgefühl mit uns und unseren Schwächen und mit den Menschen um uns herum spüren und unsere Wunden und die der anderen annehmen, loslassen und heilen.

Der große (Garten-)Lehrmeister Jesus scheint überzeugt zu sein, dass Himmel und Erde, sichtbare und unsichtbare Welt, äußerer und innerer Garten ineinander liegen und miteinander verwoben sind. In den Schriften ruft er uns zu, dass wir auf der Suche nach dem Himmelreich über diesen Acker unseres Gartens gehen sollen:

Ein Gärtner stieß in dem Garten,
durch den er seinen Pflug führte,
auf einen vergrabenen Schatz.
Er durfte ihn aber nicht nach Hause mitnehmen,
denn der Garten gehörte ihm nicht.
So deckte er den Fund wieder zu,
ging in seiner Freude heim,
verkaufte sein Haus und seinen ganzen Besitz
und kaufte den Garten.
Matthäus 13,44

Nicht in den Wolken, nicht in den Gebilden unserer Fantasie, sondern zu unseren Füßen, in der warmen, feuchten Erde unseres Gartens ist der Schatz verborgen, der uns zugedacht ist. Verkaufe alles, was du hast, so erzählt Jesus, und erwirb den Garten deiner Seele. Den Kauf und Erwerb können wir auch so verstehen, dass wir unseren Garten einfrieden sollen und uns vor den Überforderungen der Spaß- und Leistungsgesellschaft abgrenzen müssen. Das Himmelreich ruht in einem Garten, in der konkreten Wirklichkeit unserer eigenen Seele.

Wege formen deinen Garten

In deinem Garten gibt es sicher kürzere oder längere Wege und schön gestaltete Pfade, die von einem Bereich in einen anderen führen. Diese Wege können aus Holz, Steinplatten oder aus Kies bestehen. Manchmal sind sie offen und gerade, ein andermal gewunden, geheimnisvoll oder gar verwunschen mit herabhängendem Blattwerk. »Alle Wege führen nach Rom!«, lautet ein alter Spruch. Er entstand zu einer Zeit, als Rom Zentrum und Mittelpunkt der Welt war. Zentrum und Mittelpunkt des Menschen aber ist die Seele. So könnten wir den alten Römerspruch für uns heute übersetzen in: »Alle Wege führen zur Seele – zum wahren Selbst!«

Oft wird gefragt, wo denn der Sitz der Seele liegt. Manche Kulturen – zum Beispiel die Hindus – sagen, die Seele wohne zwischen den Augen, und sie malen sich genau an dieser Stelle einen roten Punkt auf die Stirn. Christen dagegen meinen, die Seele säße in der Brust der Menschen, und sie hören daher besonders auf den Rhythmus und Klang ihres Herzens. Im Judentum wird geglaubt, dass die Seele, dass Gottes Geist im Blut des Men-

schen fließt. Für mich eine wunderschöne Vorstellung, denn so kann ich Gottes Geistin und ihre Liebe bis in meine Zehenspitzen spüren. Das Blut fließt in den Adern durch unseren Körper nicht in kerzengeraden Straßen, sondern wie wilde Bäche in verschlungenen Pfaden und Wegen. Auch der Lebensweg eines Menschen ist niemals ganz gerade. Wenn wir auf unser Leben zurückblicken, sind es oft die Umwege, die Fehltritte und die Sackgassen, die uns bei unserer Selbstwerdung besonders lehr- und hilfreich waren. Im Nachhinein stellen wir fest, dass es vielleicht gerade die »heilsamen Umwege« waren, die unser Leben prägten und prägen. Wenn wir die alten Wunden und Verletzungen annehmen, dann werden sie oftmals zum kostbaren Schatz im Acker.

Unser Leben führt uns querfeldein

Unser Leben ist nur zu einem kleinen Teil ein vorgebahnter, gerader Weg. Vielmehr erlebe ich das Leben als eine weite, offene Landschaft: einmal ist es eine karge Steppe, ein andermal ein blütenreiches Feld und wieder ein anderes Mal ein Wald mit beinahe undurchdringlichem Dickicht. Der Weg entsteht unter unseren Füßen erst dadurch, dass wir ihn gehen. Der evangelische Theologe Jörg Zink sagt: »Wege, die in die Zukunft führen, liegen nie als Wege vor uns. Sie werden zu Wegen erst dadurch, dass man sie geht.«
Unser Leben führt uns quasi *querfeldein*. Manchmal gehen wir unseren Lebens- und Seelenweg fröhlich heiter und pfeifen ein Lied dazu. Dann wieder treibt uns die Anstrengung Schweißperlen auf die Stirn. Wir sind verwirrt, zaghaft oder voll Angst und setzen unsicher ein Bein vor das andere. Wenn wir dann kurz stehen bleiben und zurückblicken, dann stellen wir vielleicht überrascht fest, dass da tatsächlich ein Weg war. Und unser Weg war sinnvoll und wir können lachen über die Umwege.
Ein einziges Menschenleben bietet unzählbar viele Wege und es ist unendlich schwer, stets das Richtige zu tun. Als Gärtner und Mensch auf dem Weg, wissen wir: Es ist ganz unmöglich, unschuldig zu bleiben. Aber die weisen Weg-Geschichten, die wir aus der Bibel kennen – angefangen bei Adam und Eva, über Abraham und Sarah, Mose, Mirjam, Jeremia, Jesus und viele andere –, sind sich darin einig: Gott misst mich nicht an meiner Unschuld, sondern an meiner Liebe zu mir selbst, zu meinem Nächsten, zu Gott und zur Schöpfung. Der Mystiker aus dem 16. Jahrhundert, Johannes vom Kreuz, sagt: »Wenn

jemand des Weges, auf dem er geht, sicher sein will, muss er die Augen schließen und im Dunkeln gehen.«

Es gibt einen Weg des Lebens und einen Weg des Todes. Wir können uns vom Leben faszinieren lassen oder vom Tod. Diejenigen, die sich vom Tod faszinieren lassen, geben ihre Verantwortung ab, leben ein Opfer-Dasein und sagen: »Das Leben ist voller Gefahren! – Traue niemandem! – Alle lügen! – Rechne stets mit dem Schlimmsten! – Überall ist Unkraut! – Die Schnecken fressen mir alles! – Meine pflegebedürftige Mutter nörgelt ständig an mir herum! – Die Ausländer sind an allem schuld! – Sorge für eine gute Versicherung! – Riskiere nichts!«

Im Buch *Deuteronomium* ermahnt Gott in der Wüste das verängstigte Volk Israel: »Wählt das Leben!« Und diejenigen, die sich vom Leben faszinieren lassen, übernehmen die Verantwortung für sich und andere, verlassen das Opfer-Dasein und hören auf mit dem Gejammer. Deutlich sagen sie: »Die Zukunft ist offen! – Meine Wege sind offen! – Auch Unkraut ist zu etwas gut! – Ich gebe diesem Baum, der heuer keine Früchte trägt, noch mal eine Chance! – Wachsen und wachsen lassen! – Meine pflegebedürftige Mutter nörgelt zwar ständig an mir herum, doch ich pflege sie weiter und setze ihr ab und zu Grenzen. – Ganz eindeutig: Stark wie der Tod ist die Liebe!« Der Weg des Lebens ist der Weg der Liebe, der Weg des Vertrauens in eine (bessere) Zukunft. Der Weg des Lebens ist immer offen.

Du bist der Weg, die Wahrheit und das Leben

Auch der Weg des Gärtners und der Gärtnerin ist immer offen. Es gibt keine Sicherheit für eine ertragreiche Ernte. Zu viel ist ungewiss: Stürme, Hagel, Ungeziefer, Schnecken. Erst wenn wir uns voll Vertrauen in diese Ungewissheit und Unsicherheit hineinbegeben, erlangen wir Leben und Fülle. Gottes Wege verlaufen ungesichert, ungerade und sind oftmals schräg.

Ich bin der Weg, die Wahrheit und das Leben!
Johannes 14,6

Wie wir im Kapitel über das Tor zum Garten schon den Satz: »Ich bin die Tür …« gelesen haben, gilt das Ich-bin-Wort Jesu über den Weg für seine Jüngerinnen und Jünger bis heute. Jesus sagt zu den Fischern, Gärtnerinnen, Bauern, Weberinnen, Tagelöhnern und allen, die ihm nachfolgen: »Ihr seid der Weg, die Wahrheit und das Leben!« – »Du bist der Weg. Gehe ihn in Wahrheit, er führt dich zum Leben!«

Mönche entwickelten schon sehr früh in der Kulturgeschichte in ihren Gärten streng geometrische und oft auch symmetrische Wegformen, die das scheinbare Durcheinander von Gemüse, Kräutern und Blumen zusammenhielten. Oft war es eine Kreuzform, um den meditativen Charakter ihrer Arbeit hervorzuheben. Mittelpunkt der Anlage bildete meist eine besonders schön blühende Rose oder ein Brunnen. Ebenso gab und gibt es auch Weganlagen, die im Oval oder rautenförmig angelegt waren.

Eine besondere Wegform ist das Labyrinth: Auf langen Wegen und Kehrungen umgeht man das Zentrum mehrmals, bis man schließlich in die Mitte gelangt. Oft werden solche Labyrinthe mit Steinen in den Boden eingelassen. Besonders schön sind sie, wenn neben den langen Wegen Blumen blühen. Ein Labyrinth braucht viel Platz. Daher finden wir sie selten in Privatgärten. Immer häufiger werden sie inzwischen auf öffentlichen Plätzen angelegt. So gestalteten meine Frau und ich in unserer Heimatpfarre im Rahmen der Firmvorbereitung ein Labyrinth mit zwölf Metern Durchmesser und einer Weglänge von zwölf mal zwölf Schritten.

Der grüne Rasen

Zwischen den prächtig blühenden Blumenbeeten, vor den Himbeeren und unter den Bäumen erstreckt sich in deinem Garten vermutlich ein Rasen mit sattem grünem Gras. Grün ist dabei nicht einfach grün. Je nach Art und Höhe des Grases und nach der Einstrahlung der Sonne oder der Tageszeit, erscheint uns der Rasen in ganz unterschiedlichen Grüntönen. Meine Tochter hat schon bis zu vierzehn unterschiedliche Töne von hellerem und dunklerem Rasengrün in unserem Garten gezählt. Wenn wir unser Augenmerk auf solche Details richten, entdecken wir immer mehr Wunderbares in Gottes mannigfaltiger Schöpfung.

ZUM AUSPROBIEREN:

Sebastian Kneipp empfahl schon vor über hundert Jahren, dass wir zur besseren Durchblutung am frühen Morgen barfuß durchs taufrische Gras gehen sollen. Das nasse und kühle Gras regt an und belebt uns für den ganzen Tag.

Für Hildegard von Bingen war besonders das Grün des Frühlings eine stark regenerierende Kraft. Vor allem, wenn jemand unter überanstrengten Augen leidet, rät sie zu folgender Übung:

»Es soll der Mensch hinausgehen auf eine grüne Wiese und sie so lange anschauen, bis seine Augen wie vom Weinen nass werden: Das Grün dieser Wiese nämlich beseitigt das Trübe in den Augen und macht sie wieder sauber und klar.«[4]

Ein Rasen ist für gewöhnlich relativ pflegeleicht. Vertikutieren und eine Düngung im Frühjahr und jede Woche oder alle zehn Tage einmal mähen. Mehr braucht es nicht. Einen Teil des Rasens können wir auch wachsen lassen, Wildblumen daruntermischen und nur einmal Ende Juni und dann ein zweites Mal im Spätherbst mähen. Bienen, Schmetterlinge und andere Insekten werden es mit einem Besuch danken.

Das Rasenmähen ist manchen Gärtnern eine lästige Pflicht und sie tun es ungern. Sie kaufen sich dann vielleicht einen dieser kleinen, modernen Roboter, der die ganze Arbeit erledigt. Ich selbst hingegen genieße es, jede Woche eineinhalb Stunden hinter meinem Rasenmäher herzugehen. Meist beginne ich an ein und derselben Stelle, ziehe meine immer gleichen Kurven und beende das Mähen in etwa immer am selben Punkt. Die Routine macht es, dass ich zwar konzentriert, doch sehr gelassen arbeiten kann.

Konzentration und Gelassenheit

Konzentration und Gelassenheit ist es, was der Benediktinerpater David Steindl-Rast *Gebet* nennt. Dabei erzählte er einmal die Geschichte von einer Frau, die eine Stunde lang den Rosenkranz betete und dabei ständig an dringend zu erledigende Arbeiten dachte. Als sie ihr Gebet beendet hatte, stand sie auf, goss ihre Blumen und sprach zu ihnen ein freundliches Wort. Und da – sagt Steindl-Rast – begann sie wirklich zu beten.

Beten meint nicht, dass wir viele Worte machen. Beten kann bei jeder Tätigkeit entstehen, wenn wir sie voll Konzentration und Gelassenheit vollbringen. Rasen mähen, Blumen gießen, Unkraut jäten – jede Tätigkeit wird Gebet, wenn wir sie in der rechten Haltung durchführen.

Vielleicht kennst du das auch, dass dir bei bestimmten Handlungen im Alltag – beim Geschirrspülen oder Duschen – immer wieder die besten Ideen kommen oder Probleme sich ganz wie von selbst lösen. Vielleicht fällt dir auch auf, dass dies meist Routinetätigkeiten sind, eben solche, die du gleichzeitig konzentriert und gelassen bewerkstelligst. So ist auch das Pauluswort »Betet ohne Unterlass« zu verstehen. Wenn wir unsere alltäglichen Arbeiten, unsere Begegnungen und Gespräche und sogar unseren Schlaf in einer Haltung von Konzentration und Gelassenheit vollbringen, dann beten wir 24 Stunden am Tag.

»Ora et labora!« – »Bete und arbeite!« Dieser Leitspruch des heiligen Benedikt meint nicht, dass wir zuerst beten und dann arbeiten sollen. Vielmehr ist damit gemeint, dass unsere Arbeit ein Gebet sein soll, dass wir beim Kochen, Essen und Spülen, bei der Arbeit im Büro oder Garten gelassen und konzentriert sein sollen. Das klingt theoretisch gut, doch im Alltag bin ich bei manchen Arbeiten immer wieder unkonzentriert und alles andere als gelassen. Gerade hier bewahrheitet sich jedoch das Wort: »Von Kindern lernen.« Beobachte doch einmal ein Kind bei seinem spielerischen Tun im Sandkasten oder bei seinem fantastischen Treiben mit einem gewöhnlichen Stück Holz: Das Kind ist in konzentrierter Aufmerksamkeit und gelassener Präsenz gleichzeitig.

Ebenso ergeht es mir, wenn ich nach einem arbeitsreichen Tag im Büro in meinen Garten gehe, um dort noch Unkraut zu jäten oder meinen Rasenmäher zu starten. In diesem routinierten Tun spüre ich gleichsam, wie magische Ruhe in mich einkehrt, Gelassenheit sich in mir breitmacht und ich konzentriert meine Kreise konkret auf dem Rasen und im übertragenen Sinn im Leben ziehen kann.

Vom Lärm im Garten
und dem Lärm in der Seele

Ein anderer Gedanke, der mir zum Thema Rasenmäher kommt, ist der Lärm, den so ein Rasenmäher macht. Merkwürdigerweise fängt immer wenn ich in der Hängematte liege und ein Buch zur Hand nehme, irgendein Nachbar an, seinen Rasen zu mähen. Auch hier wieder ein Gedanke von Steindl-Rast: Er empfiehlt, jedem Geräusch reine Aufmerksamkeit zu schenken, sich vom Gehörten ansprechen zu lassen. Mehr nicht. Schluss mit den ewigen Bewertungen in angenehm und unangenehm: Dies ist Musik und das ist Lärm! Ein befreundeter Musiker erzählte mir einmal: »Ich liebe Straßenbahnfahren. Das Rattern der Räder, das Quietschen in den Kurven, das Zischen der automatisch sich öffnenden Türen – das ist Rhythmus, das ist Musik. Die Straßenbahn ist der rechte Ort zu komponieren.«

Ganz ähnlich im Garten. Es kommt darauf an, mit welcher Brille ich mein Leben anschaue, bzw. mit welchem Hörgerät ich meiner Umwelt lausche. Wenn ich Nachbars Rasenmäher als Störung höre, steigt Ärger in mir auf und Ärger ist bekanntlich »innerer Lärm«. Ich fühle mich in meinem Bedürfnis nach Ruhe und Stille gestört und die Welt um mich wird unerträglich.

Ich muss ja nicht gleich zum Rhythmus von Nachbars Rasenmäher eine Arie komponieren; es genügt, das Geräusch wertfrei wahrzunehmen und es dort zu lassen, wo es hingehört. Der Rasenmäher gehört nun mal auf den Rasen – auf meinen oder auf den des Nachbarn. Ganz sicher gehört dieses laute Motorengeräusch nicht in mein Herz, nicht in den Garten meiner Seele.

Der innere Garten besteht nicht nur aus hohen Bäumen, prächtigen Blüten und Kraft spendenden Nutzpflanzen. Unser Seelengarten braucht einen grünen Rasen, einen Bereich, der wenig Pflegeaufwand benötigt und auf dem wir wie Kinder ausgelassen hüpfen, spielen, rennen, toben und lachen.

Auf den Rasen im äußeren Garten stellen wir vielleicht eine Liege oder spannen eine Hängematte und lassen unsere Seele baumeln. Auch auf dem inneren Rasen brauchen wir nichts Großes zu leisten, sondern können einfach nur »sein« oder »faulenzen für die Seele« und uns selbst etwas Gutes tun.

Ein Garten für Kinder

Ein eigener Garten – als Gärtner und Gärtnerin weißt du das – ist das Schönste, was es auf Erden gibt. Um wie viel schöner aber wird ein solcher Garten, wenn fröhliches Kinderlachen darin ertönt.

Die großartige deutsch-ecuadorianische Pädagogin Rebecca Wild sagte einmal über Kinder im vierzehnten oder fünfzehnten Lebensmonat:

»Solch ein Kind braucht Wasser, Sand, Erde, Pflanzen, Tiere, Gelände mit Hindernissen, auch vielerlei Geräte und von Menschen gefertigte halbstrukturierte und strukturierte Materialien. In dieser natürlichen und kulturell angereicherten Umgebung muss dieses Kind sich auf verschiedenste Art bewegen, muss kriechen, laufen, rennen, klettern, springen, sich drehen. Es muss klopfen und schlagen, drücken, werfen, tragen, wippen, schütteln, öffnen und schließen, mischen und rühren, schmieren und sortieren, stoßen und kreiseln, brechen und biegen, kippen und schaukeln, ziehen und stoßen.«[5]

Mystische Gartenerfahrung der Kindheit

Gern erinnere ich mich an meine eigene Kindheit im Garten meiner Eltern und Großeltern zurück. Ich war wohl keine drei Jahre alt, hüpfte voll Freude mit meiner älteren Schwester einem Schmetterling nach oder lag im Gras und staunte durch das Astwerk eines Apfelbaums über das Ziehen der Wolken am Himmel. Intensiv lebte ich mit allem, was sich um mich regte und bewegte: Grashalm, Blatt, Blüte, Käfer, ein kleines bisschen Wind oder der Strahl der Sonne zwischen dem Astwerk. Frühe, alltägliche, mystische Erfahrung meiner Kindheit: Ich war eins mit allem und alles war eins mit mir.

Ich glaube, dass früher viele Kinder – vielleicht auch du – diese Erfahrung machten, und ich denke, dass auch heute noch viele Kinder solche tiefen, traumhaften Erlebnisse haben. Leider passiert es aber nur allzu oft, dass ihnen wohlmeinende Erzieher dieses Träumen und Eins-Sein mit ihrem Tun austreiben, wenn sie meinen: »Träume sind nur Schäume.« Ich meine jedoch, gerade das Gegenteil ist der Fall: Wir Erwachsenen müssen das kindliche Träumen und Eins-Sein wieder entdecken und das Kind in uns wieder zum Leben erwecken.

Mit acht oder zehn Jahren streifte ich mit meinen beiden Freunden Franz und Karl-Heinz durch den nahen Wald an der Bregenzer Ache. Wir spielten nicht Indianer oder Robin Hood. Nein! Wir *waren* Indianer und Robin Hood. Wir durchritten auf unseren Kinderrädern als die »drei letzten Mohikaner« die Prärie, den Grand Canyon oder setzten uns als Robin, Little John und Will ein für mehr Gerechtigkeit.

Doch vor allem geschah dies in unseren Kinderseelen: Die Bäume, die Sträucher und alle Steine um uns herum waren durchsichtig, waren eine Welt aus Licht und hinter der Welt von Bäumen, Blumen und Bächen eröffnete sich eine andere, eine zweite Welt und wir waren eins mit ihr, wir fühlten uns dieser zweiten, jenseitigen Welt zugehörig. Schon als kleiner Bub spürte ich ganz intuitiv, dass es sich dabei wohl um jene umfassende und alles durchdringende Liebe handelte, von der unser Pfarrer in der Kirche sprach. Zusammen mit meinen Freunden erlebte ich dies zutiefst im Wald und in meinem Herzen.

Wie viele andere Kinder auch, sah ich als Kind einen Baum, kletterte hinauf, genoss die Aussicht und pflückte einen roten Apfel. Ich biss so in dieses saftige Obst, dass mir der süße Saft aus den Mundwinkeln rann. Baumstamm, Äste, Apfel, die Wolken am Himmel und ich waren nichts Getrenntes, sondern ich *war* Baum, Apfel und Wolke. Voller Zartheit und Zuneigung lächelte mir Gott freundlich zu und bescherte mir ein starkes und helles Glücksgefühl. Ich konnte mit dem Baum und mit dem Apfel sprechen und Baum und Apfel sprachen mit mir.

Wenn mir dann später die Religionslehrerin von Gottes Stimme im brennenden Dornbusch erzählte oder von den Wundern, die Jesus getan habe, oder gar von der Auferstehung der Toten, dann war mir das aus der eigenen Erfahrungswelt alles leicht begreiflich. Auch heute muss ich als Vater und Religionslehrer Kindern in der Grundschule Gott niemals »beweisen«, denn sie wohnen mit ihrer Seele bereits in solch einem prächtigen Garten und ich denke, wir Erwachsenen sollten diese magisch-mythischen Erfahrungen viel ernster nehmen. Kinder sind schließlich Boten aus der anderen Welt und sie können uns mehr über die wahren Geheimnisse des Lebens lehren, als so mancher Dozent an einer Universität.

Zur zweiten Naivität finden

In der Pubertät dann erwachte mein kritischer Geist und ich glaube, es ist Gottes Geist, der uns alle einmal herausholt aus der »ersten kindlichen Naivität«, damit wir erwachsen werden und selbstständig denken lernen. Dieser fantasievolle Geist hat die Menschheit vorangebracht und uns die unzähligen großartigen technischen, medizinischen und künstlerischen Errungenschaften hervorbringen lassen, die wir für ein angenehmes Leben brauchen.

Doch wir dürfen nicht bei diesem kritischen Geist stehen bleiben, sondern wir müssen ihn spätestens in der Lebensmitte verändern: nicht mehr nur »alles und jeden kritisch zerpflücken«, sondern zurückfinden zu einer »zweiten, erwachsenen Naivität«. Gerade dies können Großeltern von ihren Enkelkindern lernen, denn die Enkel tun manchmal Blicke in die Welt, aus der sie kommen und in der die Großeltern bald wieder ihre Augen aufschlagen.

Pablo Picasso meinte einmal: »Man braucht sehr lange, um jung zu werden!« Auf unsere Kinder zu hören ist ein gutes Mittel, um jung zu werden oder zu bleiben. Ich glaube auch, dass das Gärtnern uns wieder jung macht bzw. bleiben lässt. Ich kenne Gärtnerinnen und Gärtner mit weit über siebzig, achtzig Jahren, die Augen haben mit einer Helle, Klarheit und dem Leuchten eines Kindes. Man braucht sehr lange, um jung zu werden, doch die Arbeit im Garten, das Hegen und Pflegen von Pflanzen, das Graben in Mutter Erde, verkürzt uns die Zeit und lässt uns jung sein.

Lasst die Kinder zu mir kommen

»Lasst die Kinder zu mir kommen; hindert sie nicht daran! Menschen wie ihnen gehört das Himmelreich!« (Matthäus 19,14). Fast möchte ich hinzufügen: »Lasst die Gärtner und Gärtnerinnen zu mir kommen … Menschen wie ihnen gehört das Himmelreich!« Denn in gewisser Weise ähnelt ein guter Gärtner einem Kind. Beide wissen um ihre eigene Kleinheit, wissen, dass es nicht allein ihr Zutun ist, das die Welt erhält. In naturbedingter Abhängigkeit vertrauen sie auf das Größere, auf das Ganze. Und die Antwort, die beide in sich finden, ist Dankbarkeit. Dieses Gespür und das innere Wissen führen zu einer Erdverbundenheit und Demut, die nicht klein macht, sondern die das Leben größer, weiter, lebendiger und zuversichtlicher werden lässt.

ZUM AUSPROBIEREN:
Wenn du das nächste Mal mit deinem inneren Auge den Garten deiner Seele besuchst, dann achte besonders auf die Kinder, die in deinem inneren Garten spielen. Vielleicht handelt es sich dabei um deine eigenen Kinder oder Enkelkinder. Vielleicht siehst du auch dich selbst, als du noch Kind warst.
Lausche dem fröhlichen Lachen der Kinder und lass dich anstecken von dieser kindlichen Gesundheit, von der Gesundheit Gottes. Freue dich und lache einfach mit: Du bist ein Sohn, eine Tochter, des großen Königs und der göttlichen Gärtnerin. Das allein schon ist fürwahr ein guter Grund zum Lachen!

Ein Platz für Menschen

Ein Garten darf nicht nur Mühe und Arbeit sein. Er soll auch ein Platz sein, wo wir wahrlich Mensch sein dürfen, ein Ort der Muße. Gemütliche Sitzplätze im Garten sind solche Einladungen zum Mensch-Sein, um zur Ruhe zu kommen im Stress des Alltags. Hier können wir innehalten und uns mit dem Wesentlichen beschäftigen.

Vor jeder Gartenarbeit kommt daher die »Gartenmuße«! Müßiggang ist nicht aller Laster Anfang, sondern der Beginn von Philosophie und Weisheit. Benedikt von Nursia ließ in seinen Klöstern Gärten anlegen, um möglichst autark zu sein. Gleichzeitig ließ er Schulen, auf Lateinisch *schola*, aufbauen, was *Muße, Ruhe; wissenschaftliche Beschäftigung während der Mußestunde* bedeutet. Es wäre schön, wenn unsere Schulen sich wieder auf ihre Wurzeln besinnen würden und sich frei von Stress und Hektik während der Mußestunden wissenschaftlich mit dem Wesentlichen beschäftigen würden.

Ist der Garten groß genug, so werden der Gärtner und die Gärtnerin mehrere Plätze zum Verweilen einrichten. Einen hellen mit Morgensonne, einen schattigen für die Mittagszeit und einen kühlenden für die Abendstunden. Eignet sich der eine Platz für ein langes, ausgedehntes Frühstück, ist der andere für den Nachmittagskaffee gedacht und wieder ein anderer für einen nächtlichen Plausch mit einer guten Flasche Wein und lieben Freunden.

Sitzplätze der Muße

War früher der Garten vor allem Nutzgarten und Lieferant für Lebensmittel, so wird der Garten von heute immer mehr zu einem »erweiterten Wohnzimmer«, geschmückt mit Accessoires aus Holz, Stein und Eisen und bepflanzt mit duftenden, farbenprächtigen Blumen, die weniger den Magen, dafür aber umso mehr das Herz erfreuen: Sitzplätze zum Innehalten, zur Rast und Erholung, für ein gutes Gespräch mit Nachbarn und Freunden oder zum Lesen eines interessanten Buches. Wir können auch ganz einfach nur die Seele baumeln lassen …

ZUM AUSPROBIEREN:

So wie dein äußerer Garten braucht auch dein innerer Garten »Sitzplätze der Muße«. Ein Ort, an dem du einfach nur Mensch sein und in Kontakt mit Gott und deinem Seelenkern treten kannst. Dabei darfst du zu deiner Seele, wie zu einem guten Freund, einer guten Freundin, einfach »du« sagen.

Wenn du mit deiner Seele in Beziehung trittst, ist es gut und sinnvoll, so vorzugehen, als ob du mit einem anderen Menschen, der dir wichtig ist, eine Beziehung unterhältst. Die Tulpe, Rose oder Anemone, die Birke, Ulme oder der Ahorn in deinem Garten sind heilige Wesen, durch deren Adern Gottes Geist pulsiert: »Sag einfach du zu deiner Birke und erzähle ihr, was dir durch den Kopf geht oder im Magen liegt!«

Der christliche Mönch Evagrius Ponticus, der im 4. Jahrhundert gelebt hat, rät uns – gerade in Zeiten, in denen es uns schlecht geht oder wir vor großen Problemen stehen – unsere Seele gleichsam in zwei Teile zu teilen und sie miteinander sprechen zu lassen. Solch ein Zwiegespräch zwischen dem vertrauenden und dem betrübten Bereich unserer Seele bringt uns in Berührung mit der kreativen Kraft unseres Inneren. Die Antworten auf unsere tiefsten Fragen liegen nämlich dort schon lange bereit.

Eine andere Möglichkeit – vielleicht der Königsweg der Problemlösung – ist es, der eigenen Seele einen ehrlichen Brief zu schreiben. Besonders schön natürlich, wenn du dies an einem stimmigen Sitzplatz im eigenen Garten tust. Setz dich einfach mit einem Stift und ein paar Blatt Papier an den Lieblingsplatz in deinem Garten und beginne: »Meine liebe Seele! Was ich dir schon immer sagen wollte/was ich dich schon immer fragen wollte …«

Seelendialog und Briefschreiben sind eine tiefe Form von Gebet. »Beten«, so schreibt Dorothee Sölle einmal, »Beten heißt, sich eins zu wissen mit der Kraft, die dem Grashalm durch den Asphalt hilft!«

Als Gärtner oder Gärtnerin hast du sicher schon erlebt, wie ein Grashalm mit all seiner Zartheit und Weichheit in und durch harten Asphalt oder Stein dringt, ihn quasi in aller Gelassenheit, aber hartnäckig durchbohrt. Das Sanfte, das Zarte ist stärker als das Harte. »Stark wie der Tod ist die Liebe«, lesen wir im Hohelied. Als Gärtner und Gärtnerin wissen wir um diese einfache Wahrheit. Wir erleben sie schließlich Tag für Tag.

Sag einfach »du« zu deiner Seele. Gib ihr einen Namen, der für dich stimmig ist, und tritt ein in einen inneren Dialog mit deiner Seele, in einen inneren Dialog am Ruheplatz deines inneren Gartens.

Der Bauerngarten

Noch vor 30, 40 Jahren bauten viele Menschen neue Häuser und setzten sich auf ihren nackten Terrassen in Plastikstühle. Rundherum war ein kurz geschorener Rasen, und einige Blautannen, Thujen und andere Krüppelkoniferen wurden willkürlich in dieser Anlage verteilt. Ein pflegefreies Blumenbeet mit möglichst ausgefallenen Exoten durfte natürlich nicht fehlen. Kunstdünger und Insektengifte waren rasch zur Hand. Solche Gärten wirken steril, kalt und leblos.

Heute erleben naturnahe, farbenfrohe Bauerngärten geradezu eine Wiedergeburt. Viele Gärtnerinnen und Gärtner entdecken diese schön umrahmte Gartenform mit einer Vielzahl bunter Blüten, heilsamen Kräutern und kraftvollem, gesundem Gemüse.

Schon sehr früh, als die Römer in ihren Eroberungsfeldzügen in den kühlen Norden eindrangen, brachten sie auch mediterrane Pflanzenarten mit, um ihren eigenen Speisezettel zu bereichern, denn die Auswahl an Gemüse war damals recht armselig. Ebenso lehrten uns die Römer neue Anbautechniken, wie das Veredeln von Obstgehölz. Das Wort *Pfropfen* stammt zum Beispiel aus der Römerzeit vom lateinischen *propagare* und bedeutet übersetzt *erweitern, fortpflanzen, vergrößern*. Später kamen dann die Mönche des heiligen Benedikt über die Alpen in unsere raue Gegend, um ihren Glauben zu verbreiten. In ihrem Gepäck brachten sie nicht nur das Evangelium und Samen von neuen Kräutern, Blumen und Gemüse mit, sondern auch die ersten durchdachten Gartenpläne. Die Schönheit der Gärten wurde entdeckt und der Buchs war die erste *überflüssige* Pflanze, die rein aus Freude über den Anblick gepflanzt wurde. So wachsen in einem Bauerngarten gewöhnlich Nutz-, Zier- und Heilpflanzen auf engem Raum scheinbar ungeordnet neben- und durcheinander. Mit wenig Arbeitsaufwand holt der Bauerngärtner vitaminreiches Gemüse und den schönsten Blumenschmuck aus dem kleinen Gärtchen heraus. Die Blumen sind dabei nicht nur eine Augenfreude, sondern sorgen auch für gute Durchwurzelung, schützen vor Austrocknung des Bodens und locken nützliche Insekten an. Die Eigentümlichkeiten des jeweiligen Klimas, der Landschaft und das regionale Brauchtum führten im Laufe der Jahrhunderte zu einer Vielfalt unterschiedlichster Bauerngärten im deutschsprachigen Raum.

Garten der Fürsorge und Hingabe

Traditionellerweise ist der Bauerngarten der Bereich der Frau – oftmals der Großmutter, die nicht mehr gut zu Fuß war und doch nahe dem Bauernhaus der Gemeinschaft ihren Dienst erwies. Die Männer und jüngeren Frauen gingen einer anderen harten Arbeit auf dem Feld nach.

Heute hat sich das freilich geändert, und auch Männer genießen nach Handwerks- oder Schreibtischarbeit die Ruhe im eigenen Bauerngarten und pflanzen, ernten oder gießen das Gemüse und reden sogar mit den Blumen. So wie in der Kinderpflege sind es heute auch immer mehr Männer, die in den Gärten ihre väter-mütterliche und fürsorgliche Seite entdecken. So wie Väter mit ihren Kindern anders spielen, anders lernen und sie anders pflegen und schützen als die Mütter, so werden Männer viele Arbeiten im Bauerngarten anders verrichten als ihre Frauen. Doch die Arbeit mit Mutter Erde macht gerade uns männliche Gärtner auf gesunde Weise demütig und empfindsam für die Anliegen von Schwächeren.

ZUM AUSPROBIEREN:

Kehre abermals in den Garten deiner Seele ein und achte diesmal besonders auf deinen inneren Bauerngarten: auf die blütenreichen Blumen in dir und auf das vitaminhaltige Gemüse, das in dir wachsen will.

Du musst jetzt nichts tun. Schaue und staune. Welche süßen Früchte quellen da in dir hervor? Vielleicht hast du Lust, dich auf die einladende Gartenbank in deinem Bauerngarten zu setzen und einfach die Ruhe und Muße zu genießen.

Wende dich nun der fürsorglichen und schützenden Seite in dir zu. Wo in deinem Leben gehst du mütterlich und väterlich mit dir selbst und mit anderen um? Wo in deinem Leben solltest du die Fürsorglichkeit in dir noch wachsen lassen? Welche Bereiche deines Leibes und deiner Seele solltest du sorgsamer behandeln? Gibt es da ein verletztes Kind in dir, das du nun als Erwachsener schützen könntest? Oder sind da alte Wunden, Kränkungen und Verletzungen, die auf Heilung warten? Gibt es Bereiche in dir, mit denen du in Feindschaft lebst? Nirgends gilt das Gebot der Feindesliebe so sehr, wie bei der Feindschaft mit sich selbst! Liebe die Feinde, das Unzulängliche und Unvollkommene in dir! Schau mit Liebe und Respekt auf alle Bereiche deines Lebens! Die »Schaukraft der Liebe« besitzt die Fähigkeit, uns zu wandeln. Und darum geht es schließlich im Garten, genauso wie im richtigen Leben: wandeln, wachsen und reifen.

Farbenfrohe Blütenpracht

Der Garten als umzäunter Ort, als reiner Nutzgarten, wo Menschen nur anpflanzten und hegten, was der Nahrung diente, ist heute passé. Viele Gärtnerinnen und Gärtner gestalten ihr kleines, grünes Reich zu einem erweiterten Wohnzimmer, in dem auch Platz für »überflüssige« prächtig blühende Schönheiten und andere Zierpflanzen ist. Sie wissen: Auch der Anblick von farbenfroher Blütenpracht hat seinen Wert und Nutzen, der für die Stimmungslage unserer Seele nicht hoch genug geschätzt werden kann.

Zudem haben auch viele Blumen zwischen Gemüse und Würzkräutern einen Nutzen handfester Art: Aus der Ringelblume kann eine hautfreundliche Salbe hergestellt werden und die Madonnenlilie liefert schmerzlinderndes Öl. Aus den Blüten der Königskerze lässt sich ein heilsamer Hustentee zubereiten und die Wurzeln von Alant und Eibisch ergeben einen – zwar grausig schmeckenden – doch wirksamen Saft für Hals und Bronchien. Auch die Pfingstrosen wurden ursprünglich als Heilpflanzen angebaut.

Gerade die dauerhaften, blühenden Stauden, wie Akelei, Alant, Astern, Chrysantheme, Eibisch, Eisenhut, Hauswurz, Indianernessel, Lupine, Margerite, Mohn, Mutterkraut,

Nelken, Pfingstrose, Phlox, Rittersporn, Schwertlilie oder Sonnenhut sind unkomplizierte Gewächse, die ohne viel Arbeit jedes Jahr das Herz von Neuem erfreuen. Auch Zwiebel- und Knollengewächse von Schneeglöckchen, Krokus, Hyazinthen, Narzissen, Tulpen im Frühling, Madonnenlilien im Sommer und den beliebten Dahlien im Herbst erfreuen uns, einmal gepflanzt, Jahr für Jahr. Und dann noch die vielen einjährigen und zweijährigen Pflanzen, die nicht in einem kräftigen Wurzelstock überwintern, sondern jedes Jahr aus Samen neu hervorgehen und nur einen Sommer lang blühen: Bartnelke, Duftwicke, Fingerhut, Fleißiges Lieschen, Goldlack, Jungfer im Grünen, Kapuzinerkresse, Königskerze, Löwenmaul, Ringelblume, Stiefmütterchen, Stockrose oder Studentenblume.

Buntes Meer von Blüten – Heilmittel der Seele

Von Frühling über Sommer bis tief in den Herbst hinein ist mein Garten ein einziges Blütenmeer und meine Seele badet darin. Diese bunte Farbenpracht bringt mein Herz ins Schwingen und wenn ich nach einem anstrengenden Arbeitstag eintauche in dieses bunte Meer von Blüten, wenn ich eine neue Knospe an diesem oder jenem Strauch entdecke, dann beginnt mein Herz ruhiger zu schlagen und ich selbst werde langsamer und achtsamer. Die Farbfülle der Blüten allein ist schon ein wesentliches Heilmittel für meine Seele, die vom hektischen Treiben des Alltags oft müde ist. »Fast alles ist nützlich«, können wir sagen, denn schon die Schönheit allein trägt ihren Nutzen in sich.

So gibt es auch im Garten deiner Seele eine farbenfrohe Blütenpracht: weiß, gelb, orange, rosa, rot und flieder bis violett und blau. Mal sind es Kelche, mal eher Schalen, mal erscheinen sie als Hüte und ein andermal erscheinen sie in Strahlen, wie die Sonne. Der Sinn, der hinter diesen mannigfaltigen Blütenerscheinungen steht, ist aber immer derselbe:

Freue dich

Freue dich, oh Seele,
denn du bist schön!
Du bist einzigartig!
Und:
Es ist deine Pflicht zu leben,
zu atmen
und dich zu entfalten!

Die Rose – Königin der Blumen

Ganz besonders schön ist es, wenn wir um unseren Sitzplatz oder vor dem Bauerngarten eine Rosenhecke pflanzen. Die Rose gilt als Königin der Blumen. Sie ist ein Schatz in jedem Garten. Rosen sind auch ein Schatz im Herzen, denn sie sind nicht nur schön anzuschauen, sie verbreiten auch meist einen herrlichen Duft. Die Rosen und hier besonders die roten Rosen, gelten als Symbol der Liebe. In *Der kleine Prinz* von Saint-Exupéry können wir lesen: »Die Zeit, die du für deine Rose verwendest, sie macht deine Rose so wertvoll!«

Manche Rosen – besonders Rambler und Kletterrosen – wachsen bis zu acht Metern und mehr in die Höhe und ihre Wurzeln reichen oft ebenso tief in die Erde. So kann uns gerade die Rose für unser menschliches Dasein so manches lehren: Was oder wer hoch hinauswill, muss – um zu bestehen – auch in die Tiefe gehen. Ranke, Blatt und Blüten stehen für Mobilität, Entwicklung und Freiheit. Die Wurzeln hingegen stehen für Stabilität, Tradition und Freiheit. Beides – Mobilität und Stabilität – sind aufeinander angewiesen und bedingen sich gegenseitig.

Etwas ganz Besonderes bei den Rosen ist, dass sie in Jahrmillionen – sehr zum Ärger mancher Gärtner – auch Dornen entwickelt haben. Jörg Zink sagt in Umkehrung: »Dornen können Rosen tragen.« Aus irgendwelchen Gründen hat Mutter Natur diesen wunderschönen, zart duftenden und herzerfreuenden Blüten einen »Stachel« gegeben. Es scheint, als wolle die Schöpfung uns zeigen, dass das besonders Schöne auch einen besonderen Schutz braucht. Gerade wir als Gärtner und Gärtnerinnen können so manches in der Natur ablesen und daraus für unser eigenes Leben und unseren Alltag lernen. Vielleicht sollen wir Menschen daraus die Lehre ziehen und das Wunderschönste, am zartesten Duftende und unser Herz am meisten Erfreuende an uns und in uns schützen mit einem Dorn oder Stachel.

Die Rose – Ein Mittel zum Leben

Eine andere, sehr schöne Geschichte von einer Rose ist von Rainer Maria Rilke überliefert. Er geht mit einer Freundin in Paris am Ufer der Seine spazieren. Eine Bettlerin sitzt am Straßenrand und die Freundin gibt ihr ein paar Sous, damit sie davon Brot kaufen kann. Ebenso am folgenden und auch am dritten Tag. Eines Tages, die Freundin hat gerade kein Geld dabei, nimmt Rainer Maria seine paar Sous – doch anstelle der Bettlerin das Geld gleich zu geben, kauft er eine Rose und schenkt sie ihr. Am folgenden Tag ist die Bettlerin nicht an ihrem gewohnten Platz und auch am Tag darauf nicht und ebenso am dritten Tag. Als sie am vierten Tag wieder an ihrem gewohnten Platz bettelt, fragt die Freundin ihren Begleiter: »Wo war sie nur? Wovon hat sie die letzten drei Tage gelebt?«

»Sie hat von der Rose gelebt«, sagt daraufhin Rainer Maria Rilke.

An dieser Stelle wünsche ich dir, liebe Gärtnerin, lieber Gärtner, eine tiefe, allumfassende Liebe, die dich erhält und gleichzeitig erhellt. »Der Mensch lebt nicht vom Brot allein«, heißt es im Evangelium nach Matthäus (Mt 4,4). So lebt auch der Gärtner nicht von Kartoffeln und Bohnen allein, sondern braucht – um ganz zu leben – auch von der Schönheit der Rosen. Oder wie es bei Matthäus weiter heißt: »Der Mensch lebt von jedem guten Wort, das aus Gottes Munde kommt!«

Ich wünsche dir – deinem äußeren und inneren Garten – Liebe, gute Worte, gute Taten und Gottes Segen. Möge die Liebe des Ewigen und Grenzenlosen in dir eine tiefe Verbundenheit mit dir selbst, deinen Mitmenschen, der gesamten Schöpfung und mit dem letzten Sinn- und Daseinsgrund bewirken.

Der Nutzgarten

Als ich ein kleiner Junge war, schenkte mir meine Mutter einen Quadratmeter Garten zum Bepflanzen. Noch am selben Tag pflanzte ich alles voller Blumen. Ich weiß noch genau: es waren Stiefmütterchen und Ringelblumen, die ich von Oma geschenkt bekam. Als mein älterer Bruder das sah, lachte er mich aus und meinte: »Du willst ein Gärtner sein? Blumen sind doch zu nichts nutze. Pflanze besser Gemüse oder etwas, das man essen kann!« Der Einwand meines Bruders leuchtete mir sofort ein und

so erbettelte ich mir von Oma noch fünf Erdbeerpflänzchen, die ich dann in mein kleines Gärtchen einpflanzte. Nun war ich stolzer Besitzer eines Blumen- und Nutzgartens.

Für viele Gärtner und Gärtnerinnen hat ein richtiger Garten Früchte hervorzubringen. Und es ist wahrlich unbezahlbar, biologisch angebautes Obst und Gemüse zu ernten. Wenn ich fünfzehn Minuten vor dem Essen in meinen Garten gehe und einen Salatkopf ernte, ihn frisch zubereite, dann schmeckt er einfach um ein Vielfaches besser als ein Salat, der drei Tage im Supermarkt und zwei Tage in meinem Kühlschrank gelegen hat.

Im ersten Schöpfungsbericht heißt es:

Dann sprach Gott:
»Lasst uns Menschen machen als unser Abbild,
uns ähnlich.
Sie sollen herrschen über die Fische des Meeres,
über die Vögel des Himmels,
über das Vieh,
über die ganze Erde
und über alle Kriechtiere auf dem Lande.«
Genesis 1,26

Macht euch Mutter Erde zur Freundin

Das Bibel-Wort »herrschen über …« wurde in der Vergangenheit oft missverstanden: Mutter Erde ist ein beseeltes und lebendiges Wesen, doch wir haben ihre Würde missachtet und sie zu einem Ding gemacht; wir haben sie geknechtet, geschlagen und um ihren Mantel gewürfelt. Wir Menschen haben die Erde durchbohrt, in ihren Eingeweiden nach Gold, Silber oder Öl gewühlt und sie schließlich gekreuzigt.

Das Wort *herrschen* wird in der hebräischen Bibel mit *radah* wiedergegeben. Dem Kontext gemäß bedeutet radah aber nicht nur herrschen, sondern auch: *leiten, anweisen, auf die Weide führen* und *zähmen*. Zähmen, so wissen wir aber spätestens seit dem »Kleinen Prinzen«, bedeutet: *sich vertraut machen*. So können wir den Vers aus Genesis 1,26 auch so lesen:

Dann sprach Gott:
»Lasst uns Menschen machen als unser Abbild,
uns ähnlich.
Sie sollen sich vertraut machen mit den Fischen des Meeres,
sich vertraut machen mit den Vögeln des Himmels,
vertraut machen mit dem Vieh
und auch mit der ganzen Erde
und mit allen Kriechtieren auf dem Lande.«
Genesis 1,26

Klingt das nicht eindeutig besser? Hätte sich die Geschichte von Ackerbau und Viehzucht in manchen Punkten vielleicht anders entwickelt, wenn Antoine de Saint-Exupéry die Schöpfungsgeschichte geschrieben hätte? Wir wissen es nicht. Ich für meinen Teil übersetze diesen Bibeltext immer mit *vertraut machen* und anstelle von »Macht euch die Erde untertan!« sage ich gerne: »Macht euch Mutter Erde zur Freundin!«
Zwei Kapitel später heißt es im Buch Genesis: »Im Schweiße deines Angesichts sollst du dein Brot essen, bis du zurückkehrst zum Gartenboden« (Genesis 3, 19). Die Last des Lebens, so wurde jahrhundertelang weitererzählt, ist schwer, ist Mühsal und Kampf. Ganz vergessen wurden dabei die Worte Jesu, Sohn des großen Gärtners, der uns verheißt: »Mein Joch drückt nicht und meine Last ist leicht!« (Matthäus 11,30).
Jesus predigte damals zu den einfachen Leuten: zu Gärtnerinnen, Fischern, Hausfrauen, Tagelöhnern, Zöllnern und Huren. Seine Botschaft war einfach und er kleidete sie in einfache Worte, in Gleichnisse, die auf dem Hintergrund der Erfahrungen eben dieser Leute beruhten. Das Zentrum von Jesu Botschaft, die Mitte, das Herzstück seiner Botschaft ist einfach, von geradezu nicht zu überbietender Einfachheit. Der Mystiker Jesus spürt tief in seinem Inneren, dass alles nah beieinander und ineinander ist: Gott und der

73

Garten Erde. So sagt er frei übersetzt und interpretiert: »Der Gott des Himmels ist ein Gott der Erde! Göttin Gott ist dir nahe, so nahe wie der Garten, in dem du lebst und den du bebaust. Vertraue darauf: Du bist der Sohn, du bist die Tochter eines großen Königs und einer weisen Gärtnerin!«

Das ist Jesu Botschaft. Sie war damals so einfach, dass sie für die kompliziert denkenden Theologen ein Ärgernis war und sie ihn daher mithilfe der römischen Besatzungsmacht kreuzigen ließen. Auch später – durch Jahrhunderte Kirchengeschichte – waren es kompliziert denkende Theologen, die Mönche, Dichter, Gottsucherinnen und Mystiker wegen ihrer einfachen jesuanischen Botschaft auf dem Scheiterhaufen verbrennen ließen.

Wir sind Kinder des großen Gärtners

Die einfache, frohe Botschaft also lautet: »Wir sind Kinder des großen Gärtners! Wir sind Königskinder! Sind Gotteskinder!« Wären wir uns unserer eigenen Königswürde wirklich bewusst und auch der Königswürde unseres Nächsten, oder gar der Königswürde unserer Feinde, dann könnten wir uns einen anderen Umgang mit unserer Familie, unseren Nachbarn, Arbeitskollegen, Arbeitslosen und Asylanten leisten. Vor jeder Moral kommen also Respekt und Würde jeder einzelnen Persönlichkeit, denn sie alle sind Abbild Gottes, Nachkommen des »Erdlings Adam« und seiner Frau Eva, die *Leben* heißt. Ob Jüdin oder Araber, ob Deutscher, Französin oder Türke, ob Hausfrau oder Lehrer, ob Ärztin oder Straßenkehrer, ob Priester oder Hure: Wir gehören alle zusammen, sind alle vom selben Stamm, demselben Ursprung. Wir sind alle Töchter und Söhne des einen Gottes und haben dieselbe Würde.

Freilich kennen wir das Wort, kennen die frohe Botschaft unserer eigenen Gotteskindschaft und Würde. Allein – im Alltag fehlt uns der Glaube oder die Konsequenz, die wir daraus ziehen müssten. Auch hierfür ein einfaches Gleichnis Jesu:

Hört!

Ein Gärtner geht auf sein Feld, um zu säen.

Als er die Saat auswirft, fällt ein Teil der Körner auf den Weg
und die Vögel kommen und picken sie auf.

Ein anderer Teil fällt auf felsigen Grund, wo wenig Humus ist.

Weil es an der Oberfläche liegt, geht es bald auf.

Als aber die Sonne höher steigt, welkt es, weil die Wurzeln zu wenig
Erde haben.

Einiges Korn fällt in ein Gestrüpp und die Hecken wachsen auf und
ersticken es.

Das übrige aber fällt in guten Humus und gibt Frucht,
hundertfach oder sechzigfach oder dreißigfach.

Wer Ohren hat, der höre!

Matthäus 13,1–9

Als ich ein Kind war, wurde mir im Religionsunterricht erklärt, der felsige Grund seien die Atheisten, der harte Boden des Weges die anderen Weltreligionen, das Gestrüpp die evangelischen Kirchen und der fruchtbare Humus natürlich wir Katholiken.

Ganz anders erläutert Jesus das Gleichnis für seine Jüngerinnen und Jünger: Das Feld, das bist du, Mensch! Der felsige Grund, auf dem nichts wächst, bist auch du. Ebenso der harte Boden des Weges oder das Gestrüpp und die Hecken und freilich auch der Humus. Alles das bist du. Mal bist du mehr das eine, mal mehr das andere. Die Saat, das Korn ist das Wort, das ich dir sage. Die Frucht, die hundertfach, sechzigfach, dreißigfach aufgeht, ist das Reich des Himmels, das in dir aufgehen wird, schon bald.

Anders erklärt: Manchmal trifft mich ein Bibelwort oder das Wort eines lieben Menschen, der mir die Wahrheit ins Gesicht sagt, sehr hart. Ich kann es nicht annehmen und bin somit ein harter Boden für das Gesagte, mag es auch noch so wahr sein. Oder aber ein Bibel- und Menschenwort versetzt mich kurzfristig in Euphorie, doch es vergeht bald wieder. Später mache ich dann Erfahrungen, vielleicht erlebe ich auch etwas schicksalhaft, das mich wachsen und reifen lässt und plötzlich keimt dasselbe zuvor verworfene Wort in mir auf: hundertfach oder sechzigfach oder dreißigfach. Oder der Stein, den ich als Baumeister meines Lebens vor Jahren missachtet habe, wird zum Eckstein und Fundament meiner selbst. So gibt es auch heute noch manches Bibelzitat, das ich trotz Theologiestudiums nicht verstehe, das meiner Lebensauffassung sogar entgegenläuft und das bei mir somit auf steinigen Boden fällt. Jesus sagt: »Das darf sein!« Vielleicht kann ich jenes Bibel-Wort in ein paar Jahren verstehen und annehmen.

Die schönen Erinnerungen
sind die nahrhaften Früchte der Seele

Im Nutzgarten unserer Seele wächst die Nahrung, die wir dringend brauchen, denn auch die Seele will genährt werden. Die schönen Erinnerungen, die Freuden, die wir im Alltag erfahren durften, sind solche nahrhaften Früchte, die Gott, die Mitmenschen und die Schöpfung uns geschenkt haben. Damit unsere Seele Nahrung erhält, schreibt Pater Anselm Grün, müssen wir diese schönen Erinnerungen wachhalten. Dann bekommt unsere Seele neuen Schwung und hält den ganzen Leib gesund und lebendig. Eine schwungvolle Seele belebt unsere Arbeit und verleiht ihr Fruchtbarkeit.

Früchte hervorzubringen ist der Sinn des menschlichen Wesens. Wir werden zu (wahrhaften) Menschen, wenn wir uns einsetzen für die Gemeinschaft, in der wir leben. Sinn im Leben finden wir niemals mit egoistischen, materiellen Zielen vom großen Haus, schnellen Auto oder schönen Garten. Sinn im Leben – so sagen alle Religionen dieser Welt – finden wir nur, wenn wir unsere Fähigkeiten und Talente einsetzen und Früchte hervorbringen für eine bessere, menschlichere Erde.

So müssen wir auch das Bibelwort verstehen: »An den Früchten werdet ihr sie erkennen« (Matthäus 7,16). Früchte und Gutes hervorzubringen in der Gemeinschaft, in der wir leben – ob Familie, Arbeitsplatz, Gemeinde oder im Einsatz für eine friedlichere, gerechtere und ökologischere Welt –, das gibt dem Leben und unserer Seele Sinn.

So gibt es Bereiche unserer Seele, die nicht nur ein Garten der Muße sind, sondern vielmehr ein Nutzgarten, der Früchte hervorbringen will und soll. Mystik und Politik sind keine Gegensätzlichkeiten, sondern zwei Seiten ein und derselben Medaille. Mystische Schau ohne politisches Engagement ist sinnloses Gaffen; politisches Engagement ohne mystische Schau ist herzzerreibendes Rennen. Versuche deshalb immer, Mystik und Politik, Schauen und Kämpfen, Beten und Arbeiten in Einklang zu bringen.

ZUM AUSPROBIEREN:

Wandere durch den Garten deiner Seele. Besuche diesmal den Obst- und Gemüsegarten deiner Seele. Stelle dir folgende Fragen:

Welche schönen Erinnerungen beleben und nähren meine Seele?

Welche großen Freuden hat mir Gott in meinem Leben schon geschenkt?

Mit welchen Gaben bin ich im Leben beschenkt worden?

Nutze ich sie?

Wer sind meine Vorbilder?

Welche Früchte habe ich bereits hervorgebracht?

Welche Früchte möchte ich noch hervorbringen?

Was möchte ich wirklich mit meinem Leben anfangen?

Früchte sammeln für
die »kalte Zeit«

Ein ganz besonderer Bereich des Nutzgartens ist der »Naschgarten«. Allein der Name ist vielversprechend. Naschen gilt schließlich als etwas Verbotenes, Durchtriebenes und Heimliches. Doch im Naschgarten ist – wie der Name schon sagt – das Naschen erlaubt, geradezu gefordert. Dort wachsen Himbeeren, Johannisbeeren und andere kleine Früchtchen, die wir – einfach so im Vorübergehen – frech pflücken und genussvoll in den Mund stecken dürfen.

Neben dem Naschgarten, in dem die Früchte wachsen, die wir sofort verspeisen, gibt es auch einen Bereich im Garten, in dem Gemüse und Früchte wachsen, die zum Lagern bestimmt sind. »Sparst du in der Zeit, dann hast du in der Not!«, ist ein altes Sprichwort, das sich oft genug bewahrheitet hat. In der Geschichte der Menschheit haben die Jäger, Sammler und später die Bauern schon sehr früh gelernt, für die kalten und unfruchtbaren Zeiten vorzusorgen. Durch unterschiedliche Methoden konservierten sie Fleisch, Fisch und die Früchte des Waldes und des Feldes für mehrere Monate. So konnten sie und ihre Sippe überleben.

Heute, mithilfe von Tiefkühltruhe und Vakuumiergerät, haben sich diese Methoden in vielerlei Hinsicht vereinfacht. Dank moderner Technik lässt sich in jedem normalen Haushalt beinahe jedes Gemüse für eine lange Zeit haltbar machen. Oftmals sind diese Methoden weit schonender und daher reicher an Vitaminen als manche herkömmliche Art früherer Zeiten.

Dabei gilt es allerdings zu bedenken, dass jegliches Gemüse stets zur rechten Zeit am rechten Ort wächst. Das heißt, dass in den heißen Sommermonaten besonders Wasserhaltiges wächst, wie Blattsalat oder Gurke, Nahrung also, die dem überhitzten Körper besonders guttut, die der Körper gerade zu dieser Zeit braucht. Umgekehrt sind Herbst- und Winterfrüchte, wie Kraut und Kohl, reich an Kohlehydraten und die braucht unser Körper gerade in den kalten Monaten. Die Natur hat sich also so intelligent eingerichtet, dass in jedem Land genau das wächst, was der Körper gerade zu diesem Zeitpunkt am notwendigsten braucht.

Daher sind Erdbeeren aus Mexiko zu Weihnachten und Spargel aus Peru Anfang Februar völlig unsinnig, auch wenn sich die Regale der Supermärkte damit füllen lassen. Wer einen eigenen Garten hat oder auf dem Bauernmarkt einkauft, hat immer das gerade aktuelle Gemüse, ernährt sich den körperlichen Bedürfnissen entsprechend und somit auch gesund. Zudem sind Obst und Gemüse, das irgendwo in einem fernen Kontinent oft unreif geerntet und per Flugzeug oder Schiff nach Europa verfrachtet wird, aufgrund der Transportwege unökologisch.

Frederick die Maus

Welche seelischen Früchte lassen sich nun aber für die seelisch kalten Zeiten sammeln und bewahren? Dazu passt die Geschichte *Frederick die Maus* von Leo Leoni. Sie soll hier kurz nacherzählt werden:

Frederick, die Maus, lebt mit seinen Freunden und Verwandten in einer alten Mauer. Alle sammeln im Sommer Getreide und Früchte für den nahenden Winter, nur Frederick nicht. Der sitzt in der Sonne und tut scheinbar gar nichts. Die anderen Mäuse fragen ihn: »Frederick, warum sammelst du nicht für den Winter?« Der antwortet: »Aber ich sammle doch. Ich sammle Sonnenstrahlen.« Später sitzt er auf einer bunten Wiese. Wieder fragen die anderen Mäuse: »Frederick, warum sammelst du nicht für den Winter?« Der antwortet: »Aber ich sammle doch. Ich sammle Farben.« Und wieder etwas später sitzt Frederick in sich versunken abseits und die anderen Mäuse fragen: »Frederick, warum sammelst du nicht für den Winter?« Der antwortet: »Aber ich sammle doch. Ich sammle Wörter.« Dann kommt der Winter und alle Mäuse ziehen sich in den Bau zurück. Anfangs fressen sich alle satt mit dem gesammelten Getreide, den Nüssen und den getrockneten Beeren. Doch schließlich geht die Nahrung zur Neige und da erinnern sich die Mäuse an »Fredericks Sammlung«. Sie fragen: »Frederick, was ist mit deinen Schätzen für den Winter?« Und Frederick erzählt von den Strahlen der Sonne und

allen wird warm ums Herz und sie sind für eine gute Weile satt. Doch
der Hunger kommt wieder und so fragen die Mäuse: »Frederick, was
ist mit deinen Schätzen für den Winter?« Frederick beschreibt die
Farben der Wiese und allen wird es bunt ums Herz und der Hunger
ist wieder für eine Weile gestillt. Schon bald nagt der Hunger wieder
in ihren Bäuchen und so fragen sie: »Frederick, was ist mit deinen
Schätzen für den Winter?« Und Frederick erzählt spannende Ge-
schichten von den zahlreichen Wörtern, die er den Sommer über
gesammelt hat. Alle Mäuse können die Wörter und Bilder in ihren
Herzen spüren und sie sagen: »Frederick, du bist ja ein Dichter!«

So erinnert uns Frederick daran, dass die wahren Früchte des Lebens, die wir sammeln sollen, Farben, Sonnenstrahlen und schöne Worte sind. »Der Mensch lebt nicht vom Brot allein, sondern von jedem Wort, das aus dem Munde Gottes kommt« (Matthäus 4,4), sagt Jesus von Nazaret. Brot für die Seele liegt nicht in den materiellen Dingen, sondern in den Geheimnissen des Lebens. So meint auch Salvador Dali: »Der Genießer trinkt nicht Wein, sondern kostet Geheimnisse.« Die kluge Geschichte von Frederick will uns diese Weisheit lehren.

Die Früchte des Alters

Ältere Menschen erzählen oft »ihre Geschichte« und »ihre Geheimnisse«. Manchmal kann das sehr aufreibend sein, vor allem dann, wenn wir diese Geschichten in- und auswendig kennen, weil wir sie schon hundertfach gehört haben oder weil die Geschichten immer von den harten Zeiten vor, während und nach dem Krieg handeln. Dass ältere Menschen immer dieselben Erlebnisse erzählen, lässt sich kaum vermeiden. Dass es aber immer um dieselben düsteren Zeiten geht, die sowohl Zuhörer als auch die Erzählerin selbst emotional oft herabziehen und deprimieren, lässt sich ändern. Wir können jedoch den Ablauf der Geschichten ein wenig lenken, wenn wir aufmerksam zuhören. Der Direktor einer Altenpflegeschule verriet mir folgende Technik: Wenn uns ein (alter) Mensch seine Geschichte erzählt, können wir durch bewusstes Nachfragen

Einfluss nehmen. Wenn also ein Mensch von den düsteren Zeiten seines Lebens erzählt, verändern folgende Fragen die Sicht: »Was war denn damals das Schöne in deinem Leben?«, »Worüber hast du dich damals gefreut?«, »Was habt ihr gespielt?«, »Worüber hast du gelacht?«, »Wann hast du dich glücklich gefühlt?«

So kommen Erzähler oder Erzählerin ins Nachdenken und sie werden nach den schönen Seiten des Lebens suchen. Vermutlich hellt sich das Gesicht auf und manchmal können er oder sie dann stundenlang von geglückten Momenten erzählen. Das Repertoire dieser Erlebnisse ist nämlich sehr umfangreich.

Und später dann nachts, wenn du schon lange gegangen bist und dieser Mensch aufwacht und nicht mehr einschlafen kann, dann wird er sich überlegen, was er dir beim nächsten Besuch erzählen soll. Er weiß, du interessierst dich mehr für die schönen Zeiten und er kramt in seinem Gedächtnis danach. Das bewirkt nicht nur, dass dieser Mensch über die geglückten Teile seines Lebens nachdenkt, sondern hilft ihm auch, besser einzuschlafen.

Gezielt veranstalten daher unzählige Seniorenhäuser sogenannte Erzählnachmittage, an denen Menschen der älteren und jüngeren Generation zu Gesprächen und zum Austausch zusammenkommen. Gerade die erzählende Weitergabe in gemütlicher Atmosphäre macht »alte« Geschichten, Erfahrungen und Geschehnisse zu einem Schatz an Erfahrungswissen und verbindet die Generationen. Bewusst werden für diese Nachmittage Themen gewählt, die angenehme Gefühle auslösen: »Gärten, früher und heute«, »Der Segen der Familie« oder »Freundschaft – einst und jetzt«. An diesen Nachmittagen lernen die Jungen von den Alten und umgekehrt. Außerdem gehen die Bewohner der Seniorenhäuser schon Tage vorher mit den Gedanken an ihre schönen Erinnerungen zu Bett und überlegen, welche davon sie den anderen erzählen möchten. Sie fühlen sich wohl und träumen gut.

So steckt in jedem Menschen ein Frederick, ein Dichter. Jeder und jede von uns ist angefüllt mit Sonne, Farben und Worten, die unsere Seelen nähren. Und das Schöne ist: Sonne, Farben und Worte wachsen, wenn wir sie mit anderen teilen.

Mein Kräutergarten

In den letzten Jahren und Jahrzehnten fand die Anwendung von Heilkräutern und ganzheitlichen Methoden in der Medizin eine immer größere Akzeptanz. Damit einhergehend werden vermehrt Kräutergärten angelegt, entweder nah beim Haus oder in Form einer Kräuterspirale mitten im Garten. In den Gärten Mitteleuropas wachsen u.a. Alant, Basilikum, Brunnenkresse, Fenchel- und Johanneskraut, Kamille, Lorbeer, Majoran, Origano, Rosmarin, Salbei, Thymian, Wasserdost, Wermut, Zist und anderes mehr. Viele Gärtner und Gärtnerinnen kennen nicht nur ihre küchentechnische Anwendung, sondern auch ihre heilsame, medizinische Wirkung.

Gerade Mönche und Nonnen aus Klöstern, die im Mittelalter für die medizinische Versorgung der Landbevölkerung zuständig waren, eigneten sich eindrucksvolle Kräuter-

kenntnisse an. Am bekanntesten ist heute wohl die *heilige Hildegard,* Äbtissin von Bingen (1098–1179). Heute ist besonders das Kloster Arenberg weit über seine Landesgrenzen bekannt durch das Buch: *Der Wohlfühlgarten Gottes,* das ich jeder spirituellen Gärtnerin und jedem spirituellen Gärtner empfehlen möchte.

Die vier Kardinaltugenden

Doch nicht nur äußerlich zur Anwendung kommende Kräuter machen uns gesund und heil – es gibt auch Heilkräuter der Seele. Sie lassen unser spirituelles Leben gelingen und machen unser Leben »tauglich«. Die Tauglichkeit unserer Seele hängt mit den Tugenden zusammen. Tugend meint nämlich wortursprünglich »tauglich«.

Tugenden, die einen Gärtner, eine Gärtnerin auszeichnen, sind: Geduld, Gelassenheit, Vertrauen auf höhere Mächte, aber auch Durchsetzungskraft, Standfestigkeit, Beharrlichkeit und natürlich Humor und Heiterkeit, denn sonst hätten wir ja bei den vielen Misserfolgen unserer Gärtnermühen schon längst den Spaten an den viel zitierten Nagel hängen müssen.

Als die vier Kardinaltugenden gelten in der klassischen griechischen Philosophie seit Platon (428–348 v.Chr.): *Weisheit, Tapferkeit, Gerechtigkeit* und *Mäßigkeit.* Der Kirchenlehrer Thomas von Aquin (1225–1274) vervollständigte die vier Kardinaltugenden des Platon mit den drei christlichen Tugenden: *Glaube, Hoffnung* und *Liebe.*

Der Garten lehrt uns Gärtnerinnen und Gärtner die *Weisheit* Gottes. Eine Weisheit, die nicht nur im Garten, sondern auch in vielen anderen Lebensbereichen, wie Kindererziehung, Partnerschaft, Arbeit oder Politik Gültigkeit hat. Weisheit ist Ursprung und Ziel aller Gärtnermühen und ebenso Ursprung und Ziel jeglicher Erziehung, insbesondere der Selbsterziehung.

Bäume leben uns *Tapferkeit* vor, wenn sie dem Wind trotzen. Tulpen zeigen ihren Mut in der Kälte der Welt, wenn sie bei Schnee ihre Blüten schließen und in der Wärme des ersten Sonnenstrahls wieder öffnen. Und das durch Regen geknickte Ziergras richtet sich immer wieder auf und tanzt von Neuem im Wind des Frühlings.

Tapferkeit und Mut im Garten müssen wir beweisen, wenn wir trotz widriger Umstände, bei Sturm und heftigem Regen hinausgehen, um doch noch die eine oder andere Blume festzubinden oder das umgefallene Schutzdach der Tomaten wieder aufzurichten. Gebe uns Göttin Gott den Mut und die Tapferkeit, auch am Arbeitsplatz, in der Familie, in Vereinen und in der Politik aufzustehen, das rechte Wort zu erheben und Taten folgen zu lassen, wenn widrige Umstände und Kälte herrschen und Unrecht geschieht.

Weisheit und Tapferkeit führen die Gärtnerin zu mehr *Gerechtigkeit.* Die Gärtnerin und Mystikerin Hildegard von Bingen handelte beispielsweise gerecht, indem sie die Leiche eines jungen Aufständischen innerhalb der Klostermauern beisetzen ließ. Sie wurde zur Strafe exkommuniziert. Die Arbeit mit Erde, das Sich-Bücken und das fürsorgliche Hegen gerade von schwachen Pflanzen machen uns demütiger und feinfühliger für das Leid und die Not von Menschen, Tieren und der gesamten Schöpfung. Könnten wir Gärtnerinnen und Gärtner uns daher nicht noch mehr einsetzen für Gerechtigkeit in unserer Gemeinde, in unserem Land und in den Ländern der sogenannten Dritten Welt. Solidarität ist eine »Frucht« der Gerechtigkeit, eine »Frucht« der Gartenarbeit – Solidarität mit Schwachen, Kindern, Kranken, Alten, Arbeitslosen, Migranten, Asylanten, Obdachlosen. Es ist genug da, wenn jeder das rechte Maß findet.

Auch das rechte Maß, die *Mäßigkeit,* kann uns unser Garten lehren. Keine Pflanze soll andere überwuchern und verdrängen. Das Gift, das jeder Pflanze innewohnt, kann, im rechten Maß genossen, zum Heilmittel werden. Bäume dürfen nicht zu dicht beieinander stehen, der eine kann im Schatten des anderen nicht wachsen und gedeihen. Beim Blick in den Garten leuchtet uns das meist ein. Doch wie sieht es bei uns selbst aus?

Auch für uns Gärtner gilt es, das rechte Maß zu finden und den angemessenen Platz im Universum einzunehmen. Wenn wir es einmal mit der Gartenarbeit übertreiben, straft uns unser Körper am nächsten Tag mit Kreuz- oder anderen Schmerzen. Der Apostel Paulus meint:

Alles ist mir erlaubt – aber nicht alles nutzt mir.
Alles ist mir erlaubt, doch nichts soll Macht über mich gewinnen!
Erster Brief an die Korinther 6,12

Ein Tier begehrt nur so viel, wie es braucht. Doch wir Menschen können in unserem Begehren das Maß überschreiten. Statt zu genießen, was wir haben, schauen wir uns schon nach Neuem um. Sinn des Lebens ist es aber, zu sein und das zu genießen, was ist oder was wir haben. Die Mystiker sprechen von »Frui deo – Gott genießen«. Das ewige Leben besteht in einem dauernden Genuss Gottes. Um aber Gott genießen zu können, müssen wir uns einüben in den Genuss der Gaben, die Gott uns hier auf Erden anbietet. Ziel dieser vier Kardinaltugenden ist nach Platon die eigene Glückseligkeit. Weisheit, Tapferkeit, Gerechtigkeit und Mäßigkeit sind ineinander verwoben, stärken und fördern sich gegenseitig. So ist die Mäßigkeit eine Frucht der Weisheit und umgekehrt erwächst wahre Weisheit aus dem rechten Maß. Gleichfalls haben wir gesehen, dass recht verstandene Tapferkeit zu mehr Gerechtigkeit führen muss. Ein gieriger Börsenspekulant, der Unrecht vermehrt, ist nicht mutig, nicht mäßig und wird auch niemals weise.

Die drei christlichen Tugenden

Die drei christlichen Tugenden heißen: *Glaube, Hoffnung, Liebe.* An »Gott glauben« meint nun aber nicht, dass wir möglichst viel von »Gott wissen«. Das deutsche Wort *Glauben* meint »ge-loben« und »ver-loben«. Das hebräische Wort *aman* meint »fest«, »unerschütterlich«. Die Griechen sagen dazu *pistis* und meinen damit »Treue« und »Vertrauen«. Sehr schön das lateinische Wort *credere,* das eigentlich »cor dare« meint und mit »das Herz verschenken« übersetzt werden kann. Der Glaubende sagt: »unerschütterlich vertraue ich«, »ich binde mein Herz, ja meine Existenz, an jemanden«, »ich verschenke mein Herz an …«
Als Glaubender vertraue ich, spüre die tiefe Verbundenheit meines Herzens mit Gott. Ohne Vertrauen in das kleine Samenkorn, in die Erde, das Wasser und die Sonne, wäre alles Gärtnern unmöglich. Als Gärtnerin und Gärtner binden wir unser Herz an den äußeren und inneren Garten und indem wir ihn kultivieren, ahmen wir Göttin Gott nach. Wir sind Mitschöpfer Gottes. Sie ist die erste und größte Gärtnerin, die alles so wunderbar erschaffen hat und die den großen Garten Erde und den lebendigen Kosmos Tag für Tag neu erschafft. Alles, was da wächst, kriecht, fliegt oder läuft, wird durch die göttliche Schaffenskraft am Leben erhalten.
Dein äußerer Garten ist ein Freund deiner Seele. Bäume, Blumen und Gräser sprechen

dein Inneres an und sind sensibel für die Regungen deiner Seele. Gerade wenn du vor persönlichen Problemen stehst und dich in einem inneren Durcheinander befindest, kann es ein Segen sein, wenn du in deinen Garten trittst und wie einer guten Freundin vorbehaltlos erzählst, was dich bedrängt. Hier brauchst du keine Angst zu haben, getadelt oder zurechtgewiesen zu werden, denn Mutter Natur nimmt sich Zeit für dich. In deinem Garten findest du eine Atmosphäre der Wachheit und Präsenz Gottes vor und es fällt dir leicht, mit deinem eigenen Innenraum in Berührung zu kommen, und so fällt es dir leicht, dich auszusprechen.

Vielleicht verspürst du in deinem Garten auch das Bedürfnis, Gott zu loben, deine Dankbarkeit zu zeigen, in Worten und Taten. Viele Gärtner und Gärtnerinnen singen bei ihrer Arbeit: »Großer Gott wir loben dich«, »Freudig lasst uns Gott lobsingen« oder das einfache Lied des Gärtners Franz von Assisi *Laudato si*. Glauben ist loben, meint aber auch das Vertrauen, dass eines Tages der zarte Grashalm den harten Asphalt durchbricht und uns so die Hoffnung schenkt, dass die Liebe stark ist wie der Tod.

Eines der schönsten Zitate zum Thema *Hoffnung* stammt von Martin Luther (1483–1546), der in seinen Mönchsjahren sicherlich auch ein Gärtner war. Er sagte: »Wenn ich wüsste, dass ich morgen sterben müsste, so würde ich noch heute ein Apfelbäumchen pflanzen.« Wir als Gärtner pflanzen jedes Frühjahr neue Pflänzchen in der Hoffnung auf reiche Ernte im Sommer oder Herbst. Und manchmal setzen wir sogar einen Baum, dessen saftige Früchte und kühlender Schatten vielleicht erst unsere Kinder und Kindeskinder ernten können.

Und schließlich ist die Liebe wohl die wichtigste Tugend. So soll nochmals der Mystiker Paulus zu Wort kommen:

Die Liebe ist langmütig, die Liebe ist gütig.
Sie eifert sich nicht, sie prahlt nicht, sie bläht sich nicht auf.
Sie handelt nicht ungehörig, sucht nicht ihren Vorteil,
lässt sich nicht zum Zorn reizen, trägt das Böse nicht nach.
Sie freut sich nicht über das Unrecht, sondern freut sich an der
Wahrheit.
Sie erträgt alles, glaubt alles, hofft alles, hält allem stand …
Für jetzt bleiben Glaube, Hoffnung, Liebe, diese drei;
doch am größten unter ihnen ist die Liebe.
Erster Brief an die Korinther 13,4–7.13

Oder der Mystiker Johannes:

Gott ist Liebe. Und wer in der Liebe bleibt,
der bleibt in Gott und Gott bleibt in ihm.
Erster Brief des Johannes 4,16

Papst Benedikt XVI. schrieb zu diesem Thema seine erste Enzyklika: »Deus caritas est. Gott ist die Liebe.« Ebenso können wir sagen: »Anima amor est. Die Seele ist die Liebe.« Die Seele, Anima, hat zwei Aufgaben: beleben (animare) und lieben (amare). Die Seele ist der Garten der Liebe. Sie schafft Verbundenheit von Leib und Seele, Mensch und Mensch, Mensch und Natur, Mensch und Gott.

Ohne Liebe ist jedes Gärtnern nur sinnloses Schuften. Ohne Liebe gibt es keine Freude und keine Dankbarkeit. Ohne Liebe wächst nichts und gedeiht nichts im Garten. Kein Obst, kein Gemüse, keine Blumen, keine Kräuter und schon gar nicht die liebevolle Zuneigung vom Gärtner zu seiner Gärtnerin.

Der Kirchenlehrer und Bischof Augustinus (354–430) wurde einmal nach der Kurzfassung der gesamten Bibel gefragt und er antwortete verschmitzt: »Liebe Gott und tue, was du willst!«

Die Sache mit dem Unkraut

Wenn wir von den Heilkräutern im Garten sprechen, ergibt es sich zwangsläufig, auch vom Unkraut zu reden, und wenn wir über die Tugenden des Menschen sprechen, müssen wir auch über die menschlichen Untugenden reden.

Als kleiner Junge musste ich zu Hause im Eingangsbereich und entlang des Weges oft Unkraut jäten. Ich tat das eigentlich recht gerne, denn ich brauchte dabei nicht zu denken und konnte meinen Tagträumen nachhängen. Zudem bekam ich von meiner Oma meist ein bisschen Geld, wenn der Gehweg wieder sauber war. Als Jugendlicher wollte ich dann die Zeit lieber mit Freunden im nahen Bad verbringen, und so kam ich ihr mit folgender Ausrede: »Ich kann es mit meinem Gewissen nicht vereinbaren, diese Kräuter Gottes auszureißen. Löwenzahn im Tulpenbeet finde ich schön!«

Die Einschätzung, was Kraut und was Unkraut ist, hat sich in den letzten Jahren bei vielen Gärtnern stark gewandelt. So berichtet der Allgäuer Schamane Wolf-Dieter Storl Folgendes:

»Eine Frau erzählte mir von ihrer Mutter, die sich seit Jahren mit einem chronischen Harnleiterleiden herumschlug. Die Mutter, eine begeisterte Gärtnerin, hatte einen besonders schönen Garten voller Blumen und kräftigem Gemüse. Nur das Zinnkraut (Ackerschachtelhalm) ärgerte sie ständig. Mit allen Mitteln versuchte sie es auszurotten. Zufällig las sie eines Tages in einem Buch von Maria Treben, dass gerade dieses Unkraut das Richtige für ihr Leiden sei. Es war einen Versuch wert. Sie trank den Tee und schon nach kurzer Zeit war sie wieder gesund. Das Unkraut, das sie jahrelang bekämpft hatte, war das Heilkraut für ihre ebenso lange während Krankheit.«[6]

Für Storl ist dies ein Hinweis, dass jede Pflanze ein Geschenk, ein Gedanke Gottes ist und dass der Begriff »Unkraut« einem naturentfremdeten Denken entstammt.
Auch der viel gelesene, brasilianische Bestsellerautor Paolo Coelho fragt sich in seiner Erzählung *Auf den Kampf vorbereitet, doch voller Zweifel*, als er dem Unkraut zu Leibe rückt, das sich in seinem Garten breitgemacht hat:

»Tue ich das Richtige? Was ich Unkraut nenne, sind Pflanzen, die in Jahrmillionen von der Natur geschaffen wurden und überlebt haben. Ihre Blüten wurden von unzähligen Insekten bestäubt, entwickelten Samen, die der Wind weiträumig auf den umliegenden Feldern verteilte, sodass sie an vielen Stellen gedeihen konnten und so größere Chancen hatten, den Winter zu überstehen und im nächsten Frühling wieder zu sprießen.«[7]

Viele Gärtnerinnen und Gärtner kennen diese Gedanken vielleicht und die meisten werden am Schluss ihrer Überlegungen – wie übrigens auch Paolo Coelho – doch zur Harke greifen und ein Unkraut ausreißen, das nicht eingeladen war, in diesem Garten zu wachsen. Ein anderes Unkraut lassen wir aber durchaus gewähren. Es darf an seinem zugewiesenen Platz »kontrolliert wuchern«. Wie aber gehen wir um mit dem Unkraut in unserer Seele? Was ist überhaupt das »Seelenunkraut«?

Die Unkräuter der Seele

Wenn wir vorher die sieben Kardinal-Tugenden als die Heilkräuter der Seele bezeichneten, so können wir nun die sieben klassischen Ursünden als die Unkräuter der Seele nennen: *Hochmut, Geiz, Genusssucht, Zorn, Völlerei, Neid* und *Trägheit.* Die sieben Ursünden, manchmal auch fälschlicherweise als die sieben Todsünden bezeichnet, sind menschliche Charaktereigenschaften, die jeder Gärtner an sich selbst kennt. Sie sind für sich genommen keine Sünde, aber sie sind häufig der (Ur)Grund dafür, dass wir eine Sünde begehen.

Dazu ein anderes Garten-Gleichnis aus dem Neuen Testament. Jesus erzählt:

Mit dem Himmelreich ist es wie mit einem Gärtner,
der guten Samen auf sein Feld säte.
Während nun die Leute schliefen,
kam sein Feind,
säte Unkraut (Taumellolch) unter den Weizen und ging wieder weg.
Als die Saat aufging und sich die Ähren bildeten,
kam auch das Unkraut zum Vorschein.
Da gingen die Knechte zu dem Gärtner und sagten:
»Herr, hast du nicht guten Samen auf dein Feld gesät?
Woher kommt dann das Unkraut?«
Er antwortete:
»Das hat ein Feind von mir getan.«
Da sagten die Knechte zu ihm:
»Sollen wir gehen und es ausreißen?«

91

Er entgegnete:
»Nein, sonst reißt ihr zusammen mit dem Unkraut
auch den Weizen aus.
Lasst beides wachsen bis zur Ernte.
Wenn dann die Zeit der Ernte da ist,
werde ich den Arbeitern sagen:
Sammelt zuerst das Unkraut und bindet es in Bündel,
um es zu verbrennen;
Den Weizen aber bringt in meine Scheune.«
Matthäus 13,24–30

Im Urtext wird bei diesem Gleichnis das betreffende Unkraut beim Namen genannt: Taumellolch (Lolium temelentum). Dieser Unkrautsamen enthält einen Pilz und wenn dieser Pilz unter die Weizenkörner gerät, wird das Mehl und das Brot, das damit gebacken wird, ungenießbar. Wer es isst, kann Benommenheitszustände bis hin zur tödlichen Vergiftung erleiden. Taumellolch lässt sich bis zur Reife kaum von Weizen unterscheiden. Erst kurz vor der Ernte kann man ihn wegen seiner kleinen schwarzen Samen leicht erkennen.

In diesem Gleichnis spielt Jesus auf die Ähnlichkeit von gutem und schlechtem Samen bzw. die Ähnlichkeit von Gut und Böse in uns an. Unsere Gefühle sind meist vielschichtig und nicht sofort zu fassen und einfach zu erkennen. So steckt im Guten manchmal etwas Böses und im Schlechten können wir einen guten Kern entdecken.

Selbstvertrauen und Stolz beispielsweise ähneln sich sehr, denn sie haben beide mit der Wertschätzung der eigenen Person zu tun. Doch während Stolz herrisch, eingebildet und auch rücksichtslos macht, können wir ohne gesundes Selbstvertrauen kaum etwas erreichen.

Während die eine Art Langeweile als Trägheit zu krank machender Antriebslosigkeit bis hin zur Depression führen kann, so kann eine andere Art Langeweile einführen in die Kunst des Müßiggangs und der Beginn eines erfolgreichen Gärtnerlebens sein. Der eine Zorn kann zur Handgreiflichkeit führen, der andere Zorn – zum Beispiel über ein bestehendes Unrecht – kann motivieren, mich für mehr Gerechtigkeit in der Welt einzusetzen. Auch Liebe und Hass wohnen eng beieinander und scheinen einander ähnlich. Doch die

Auswirkungen könnten unterschiedlicher nicht sein. Liebendes Begehren kann umschlagen in verzehrenden Hass. Hass schadet immer. Eigentlich müsste es heißen: »Hass macht blind«, denn er treibt die Menschen zu den schlimmsten Gräueltaten. Wenn wir hingegen in der Liebe sind, gelangen wir zu einem Leben in Fülle.

Warten – geballte Aufmerksamkeit

Jesus gibt uns daher den Hinweis, vorerst zu warten. Warten heißt aber nicht, untätig zu sein. Warten ist eine höchst aktive Tätigkeit. Im Englischen heißt der Kellner eines Restaurants: waiter, also Warter. Ein guter Waiter wartet etwas abseits und beobachtet aufmerksam alle seine Gäste. Eine kleine Geste mit der Hand, das leise Nicken des Kopfes, und der Waiter ist sofort zur Stelle, fragt nach den Wünschen oder liest sie bereits von den Augen oder Lippen ab.

ZUM AUSPROBIEREN:

Schlendere durch deinen inneren Garten. Achte diesmal besonders auf deine »Unkräuter«. Meist sind bei einem Menschen nicht alle sieben Ursünden im selben Maße vorhanden. Oft wachsen in einem Garten nur ein oder zwei Unkräuter besonders üppig. Wende deine Aufmerksamkeit diesen Kräutern zu und betrachte sie einfach. Wenn du zu früh bewertest, läufst du Gefahr, mit dem Unkraut auch »deinen Weizen« auszureißen.

Wenn du dich lange genug beobachtest und dein Unkraut als wirkliches Unkraut erkannt hast, dann geht es in einem ersten Schritt darum, dein Unkraut anzuerkennen und anzunehmen. Nur was wir ganz angenommen haben, können wir auch wirklich loslassen. Loslassen kann bedeuten, dass wir das Unkraut unserer Seele ausreißen und symbolisch dem Feuer der Wandlung und Reinigung übergeben. Loslassen kann aber auch heißen, dass wir dem Unkraut den rechten Platz zuweisen. Vielleicht hast du ja eine Ecke im Garten deiner Seele, wo das Unkraut »kontrolliert wuchern« darf?

Von Meister Eckhart gibt es dazu diese treffende Weisheit:

Gott ist ein Gott der Gegenwart:
Wie er dich findet,
so nimmt er dich
und so darfst du hinzutreten.
Er fragt nicht, was du gewesen,
sondern was du jetzt bist.
Und allen Schaden, der aus der Sünde kam,
will er sich gerne gefallen lassen,
nur damit ein Mensch danach
zur tieferen Erkenntnis seiner Liebe kommt.[8]

Fleißige Helfer und
gefräßige Schädlinge

Wir Menschen benehmen uns oft so, als würde die Erde ganz allein uns gehören. Im Vergleich zu den Insekten sind wir aber eine kleine Minderheit. Es wird geschätzt, dass auf einen Menschen ca. 1,5 Milliarden Insekten kommen, und dabei sind Spinnen, Schnecken und Würmer gar nicht mitgezählt. Über eine Million Insektenarten wurden bereits erforscht und jährlich kommen Tausende neuer Arten dazu. Insekten können unsere schlimmsten Feinde sein, wenn sie unser Gemüse und Obst vernichten oder Krankheiten verbreiten. Gleichzeitig sind sie auch fleißige Helfer im Garten, indem sie den Boden lockern, natürlichen Abfall beseitigen und Obstbäume bestäuben.

Ähnlich wie Kraut und Unkraut wurden diese Kleintiere des Gartens jahrzehntelang eingeteilt in Schädlinge und Nützlinge. Durch das Fehlen von natürlichen Feinden wie Igel und Gänse wurde ihnen mit unterschiedlichsten Giften der Garaus gemacht. Dadurch

starben nicht nur zahlreiche nützliche Kriech- und Krabbeltiere, sondern auch Vögel und andere Tiere, die sich von Insekten ernährten. Zudem verdarben wir damit unser Obst und Gemüse, die diese Giftstoffe in sich aufnahmen.

Heute wünschen sich viele Gärtner und Gärtnerinnen biologisch angebautes Obst und Gemüse und verzichten daher so weit wie möglich auf Gifte in ihrem Garten. Insektenfresser, wie Singvögel oder Igel, werden wieder angesiedelt und ein gewisses Maß an Mehrarbeit in Kauf genommen. Unser Wissen über die Lebensweise von Schädlingen können wir nutzen und ihnen das Leben auf natürliche Weise möglichst schwer machen. Die äußerst unbeliebten Schnecken zum Beispiel haben keine Beine, sondern gleiten auf einem einzigen, schleimigen Fuß. Häufiges Aufhacken der Erde macht den Boden rau, und das mögen Schnecken überhaupt nicht.

Statt Blumen mit Chemikalien zu besprühen, kann eine gezielte Bepflanzung nützliche Insektenfeinde anlocken, die sich von den lästigen Schädlingen ernähren. So geben viele nützliche Insekten heimischen Bäumen und beerenreichen Sträuchern, wie Eberesche und Sanddorn, die seit Tausenden von Jahren in Mitteleuropa beheimatet sind, den Vorzug vor japanischen oder exotischen Zierbäumchen. Mit den Insekten stellen sich dann auch zahlreiche Singvögel, wie Meise, Rotkehlchen, Fink oder sogar Zaunkönig, ein, die uns jeden Morgen zusätzlich etwas vorsingen.

Insekten fühlen sich in einer »wilden« Ecke mit Blumen und Kräutern wohler als in einem gepflegten Beet, und die meisten Schmetterlinge lieben Brennnesseln. Auch Totholz und Steinhaufen sind beliebte Herbergen für Eidechsen und zahlreiche Käfer, die sich wiederum von Salatfressern ernähren. Auf dem Dachboden meines Nachbarn wohnen Fledermäuse und an warmen Sommerabenden bin ich über diese Mückenfresser ausgesprochen froh und ich beobachte gern ihren faszinierenden Flug. Dickmaulrüsslern kann man mit den gefräßigen Nematoden entgegenwirken. So gibt es zahlreiche biologische Möglichkeiten, die lästigen Schädlinge im Garten in die Schranken zu weisen. Wie sieht es aber mit den Schädlingen im Garten unserer Seele aus?

Was nagt an deiner Seele?

Wie im äußeren Garten so gibt es auch in unserem inneren Garten eine Vielzahl von kleinen und großen Käfern, Spinnen, Schnecken und Würmern. Viele sind fleißige Helfer, die den Acker unserer Seele auflockern und fruchtbar machen. Gleichzeitig gibt es in unserer Seele auch gefräßige Schnecken, die ihre schleimigen Kriechspuren gerade über die zartesten Salatblätter ziehen und alles Schöne und Gute auffressen. Oder da nagen Maulwurfsgrillen an den verletzlichen kleinen Würzelchen unserer Neupflanzungen. Wenn wir die »Insekten unserer Seele« wahrnehmen, können diese Beobachtungen zu tiefen Weisheiten und Einsichten führen. So stellt sich die Frage: Was nagt an meiner Seele?

Oft sind es meine Fehler, meine Unzulänglichkeiten und die Schuldgefühle, die mich belasten und gerade das Zarteste und Sensibelste an mir zernagen und zerfressen. Vielleicht wächst da in dir das kleine Pflänzchen Hoffnung, doch deine Angst vor Neuem oder vor einer zu erwartenden Enttäuschung ist so stark, dass deine zarte, grüne Hoffnung gar nicht erst aufkommt. Wir sollten daher den Garten unserer Seele genau und mit aller Barmherzigkeit anschauen.

Etwas anderes sind Schuldgefühle: Allzu oft entstammen sie einer allzu strengen Erziehung, sind Ergebnis eines moralisierenden Über-Ichs. Wir können niemals alle Schwächen und Fehler ablegen, und die Erfahrung lehrt uns: Wer unter allen Umständen Fehler vermeiden möchte, dem passieren sie erst recht. Wer alles im Leben kontrollieren möchte, dem gerät sein Leben außer Kontrolle. Ein Gärtner, der in seinem Garten sofort zur Giftkeule greift, tötet nicht nur die feindlichen Schädlinge, sondern auch Marienkäfer, Schmetterlinge und viele andere Gottesgeschöpfe.

Neben den ungesunden Schuldgefühlen, die einem ein überzogenes Über-Ich einredet, gibt es freilich auch berechtigte Schuldgefühle. Wir haben da und dort tatsächlich uns selbst oder einem anderen Menschen großen Schaden zugefügt. Dieser echten Schuld, diesem zerstörerischen Ungeziefer, das unsere Seele zerfrisst, müssen wir uns in aller Klarheit und doch behutsam stellen. Die nicht ganz leichte, doch äußerst heilsame Aufgabe besteht darin, unsere wahre Schuld in Demut anzunehmen und schließlich wieder loszulassen.

ZUM AUSPROBIEREN:

Unserer echten und tatsächlichen Schuld können wir am besten begegnen, wenn wir sie klar und deutlich ansprechen. Das deutsche Wort »sprechen« hängt zusammen mit »brechen, bersten«. Im Aussprechen bricht der harte Panzer, der vielen Insekten und Käfern eigen ist. Im Aussprechen bricht der Panzer, der dein Herz und deine Seele umgibt.

Gehe hinaus in deinen äußeren Garten und suche dir einen Ort, der für dich stimmig ist. Schaffe dir eine Atmosphäre, in der es dir leichtfällt, dich auszusprechen und möglicherweise deine Schuld zu bekennen. Vielleicht ist da ein uralter, weiser Baum, eine nach außen abgeschirmte Hecke, oder du errichtest dir einen kleinen Steinaltar. In deinem Garten darfst du die Erfahrung machen, dass es niemanden gibt, der dich verurteilt, so schlimm dein Vergehen auch sein mag.

Dein Garten – Gottes Garten – akzeptiert dich mit all deiner Schuld. Im Zugeständnis, dich schuldig gemacht zu haben, wirst du zudem aktiv, ergreifst Initiative und bringst ans Licht, was vorher im Dunkeln vor sich hin moderte und faulte: Aktivität ist notwendig, denn wenn du schuldig geworden bist, wird deine Seele niemals ruhen, wird diese Schuld immer an dir nagen, bis du dich ihr stellst und Wege beschreitest, die dich von dieser Last befreien.

Im Aussprechen verliert die Schuld ihre bedrückende Last. Oft bedarf es großen Mutes, die Sünden vor sich selbst zu bekennen. Hilfreich kann hier die Vorstellung sein, dass wir mit einem barmherzigen Gott das Ungeziefer in uns anschauen. In einem Ritual kannst du deine Sünden auf deinen kleinen Altar legen und Gott bitten, diese zu verwandeln.

Wenn es dir gelingt, Gott und dir selbst deine Schuld einzugestehen, dann gelingt es dir vielleicht in einem zweiten Schritt, auch einem guten Freund, deiner Seelenfreundin oder deinem Beichtvater jene Fehler einzugestehen, die dich belasten und die du vielleicht schon Jahre mit dir herumträgst. Indem wir Schuld bekennen, können wir unsere Konturen sichtbar machen und wir finden zu mehr Wahrhaftigkeit.

Ein Beet im Schatten

In den heißen Sommermonaten suchen Menschen und Tiere einen Platz unter einem großen Baum oder Strauch. Kein Sonnenschirm, keine Markise spendet einen solch wohltuenden Schatten wie das dichte Blätterdach von Bruder Baum. Noch vor wenigen Jahrzehnten haben sich die meisten Gärtner lieber in die Sonne gesetzt. Der Garten war ein Nutzgarten und unter den Bäumen wuchs eben nichts oder bestenfalls Gras. Doch heute, in Zeiten von Ozonloch, Sonnenbrand und Hautkrebs, werden Ruheplätze im Schatten bevorzugt. Der Schatten wurde sogar in die Gartengestaltung integriert und die weise Gärtnerin pflanzt um ihren Sitzplatz herum großblättrige Pflanzen, die Schatten oder Halbschatten lieben: Funkien, Schaublatt, Sterndolden, Purpurglöckchen, Waldmeister, Wiesenraute.

Der Schattenplatz in unserem Garten, direkt hinter dem Rosengarten, ist mein absoluter Lieblingsplatz. Schon am frühen Nachmittag ist es dort angenehm kühl und die gelben, grünen und bläulichen Funkien oder die riesigen Mammutblätter strahlen eine beschauliche Ruhe aus. Hier kann ich entspannen, ein Buch lesen oder eine Tasse Kaffee trinken. Neben mir liegt Max, unser Kater, und schnurrt zufrieden vor sich hin.

Besser Schatten werfen, als im Schatten stehen

Auch im Bereich der Seele kennen wir Schatten. Der Schweizer Psychologe C. G. Jung (1875–1961) hat diesen Begriff geprägt. Gemeint ist der verdrängte und ungelebte Teil unserer Seele. Wo Licht ist, da ist auch Schatten und deshalb gilt hier der alte Spruch: »Besser Schatten werfen, als im Schatten stehen!«

Als Baby haben wir noch keinen Schatten. Sind wir doch Mamas und Papas Sonnenschein. Als Baby leben wir noch in Ganzheit – wie eine runde Kugel – und Verbundenheit. Als Kleinkind lernen wir dann Mamas Gesichtsausdruck zu deuten. Wenn wir uns so verhalten, strahlt ihr Gesicht – sie freut sich. Wenn wir uns anders verhalten, verengen sich ihre Augen, sie runzelt die Stirn und reagiert mit Ärger oder Wut. Da alle Kinder dieser Welt ihre Mütter lieben und ihr gefallen wollen, werden sie deshalb das eine tun und das andere lassen. Wir nehmen daher einen Teil von unserer Kugel und stecken ihn in einen kleinen Sack auf unserem Rücken. Dabei muss es sich nicht unbedingt um »böses« Verhalten handeln, denn Kinder in diesem Alter gehen lediglich ihren Bedürfnissen nach, jenseits jeder Moral. So kann es zum Beispiel sein, dass ein zahnendes Kind stundenlang weint. Das geht am Ende auch der liebevollsten Mutter und dem geduldigsten Vater auf die Nerven und sie reagieren mit Ablehnung. Das Kind will Mama und Papa zufriedenstellen und steckt den Schmerz, bzw. den Ausdruck des Schmerzes, das Weinen, in seinen Rucksack.

Später dann in Kindergarten und Schule sind Kinder in immer größerem Maße zu dieser Handlungsweise gezwungen. Sie wollen auch ihrer Erzieherin und Lehrerin gefallen, kooperieren mit ihr und laufen Gefahr, immer mehr von ihrer runden Kugel der Ganzheit wegzunehmen und in den Sack auf dem Rücken zu stecken, der nun immer größer wird. Sie selbst werden immer flacher, immer mehr zu einer Scheibe. Als Jugendliche achten und hören Kinder dann weniger auf Eltern oder Lehrer, denn sie möchten ihren Freunden und Freundinnen gefallen und so stecken sie das, was in den Peergruppen nicht »in« ist, schnell in den Sack auf dem Rücken.

Am Ende sind wir dann vielleicht keine ganze Kugel mehr, sondern eine flache Scheibe mit einem fest verschnürten Riesenrucksack auf dem Buckel und keiner – nicht einmal wir selbst – darf einen Blick in diesen »Schattensack« werfen. Solch einer Scheibe fällt es schwer, sich als Sohn oder Tochter der weisen Gärtnerin oder des großen Königs zu begreifen. Da ist zu viel Abgespaltenes, Verdrängtes und Ungelebtes.

Im Schattenrucksack sind also nicht nur »böse« Anteile, von denen uns ein wohlmeinender Erzieher zu befreien versucht hat, sondern durchaus auch positive Charaktereigenschaften, wie zum Beispiel Durchsetzungsfähigkeit, Neugierde, Mut, die Fähigkeit zu trauern und Mitleid.

Kompliziert wird es erst recht, wenn zwei flache Scheiben mit Riesenrucksack sich ineinander verlieben und heiraten. Meist verlieben sie sich ja nur in die Scheibe, denn den Rucksack hält jeder recht gut im Verborgenen. Konflikte sind hier vorprogrammiert, doch auch heilsame Chancen. Denn allein in der Liebe und durch die Liebe schaffen wir es, unseren Rucksack anzunehmen, die Verschnürung zu öffnen und uns selbst und der Partnerin nach und nach diese schattenhaften und inzwischen geheimnisvollen Schätze zu zeigen und diese Seelenanteile auch anzunehmen.

C.G. Jung nennt diesen Vorgang die »Integration des Schattens« und es ist ein wichtiger Schritt zur Individuation, zur Selbstwerdung. Es ist sogar ein absolut notwendiger Schritt, um wieder ganz zu werden.

Die alte Königswürde wiederfinden

Es gibt einige Märchen, die von einem Königskind erzählen, das im zarten Alter von vielleicht acht Jahren seinen goldenen Ball verliert. Auch wir haben in diesem Alter unsere Unschuld, unsere Ganzheit und unsere Königswürde verloren und sind dann, wie der Held und die Heldin im Märchen, ein halbes Leben lang auf der Suche, um unsere Ganzheit und unsere Königswürde wiederzufinden.

In der Gartengestaltung wurde in den letzten Jahrzehnten der »Schattengarten« wiederentdeckt und in das Ensemble eines »ganzen Gartens« integriert. Diese Arbeit müssen wir auch im Garten der Seele vollbringen und wie bei unserem äußeren Garten ist diese Arbeit auch in unserem inneren Garten niemals ganz abgeschlossen.

ZUM AUSPROBIEREN:

Wenn du bei nächster Gelegenheit in deinem Schattengarten arbeitest, dann denk auch an deinen inneren Schatten, spüre die ungelebten Bereiche deiner Seele auf und tritt in einen inneren Dialog mit diesen verborgenen Schätzen.

Eine andere Möglichkeit der Kontaktaufnahme besteht darin, einen Liebesbrief an deinen Schatten zu schreiben: »Mein lieber Schatten! Du ungelebter Bereich meiner Seele! Du fehlst mir. Ich vermisse dich. Besonders fehlt mir …«

Setze dich zum Briefschreiben an deinen Lieblingsplatz.

Die Integration des Schattens bedarf einer gewissen Anstrengung und braucht auch seine Zeit. Meist gelingt uns das nicht in der ersten Lebenshälfte, sondern erst nach der Lebensmitte können wir uns dieser Arbeit geduldig widmen.

Andacht im Geräteschuppen

Der Ordensgründer Benedikt von Nursia schreibt dem Verwalter seines Klosters vor, dass er »alle Geräte als heiliges Altargerät betrachte«. Benedikt wusste, dass ein achtloser Umgang mit Dingen, wie Hacke, Rechen oder Schaufel, zu einem achtlosen Umgang mit den Mitmenschen und uns selbst führen kann. Es ging ihm nicht darum, dass wir Geld sparen durch einen achtsamen Umgang mit diesen Dingen, sondern vielmehr darum, dass wir an der Seele Schaden nehmen, wenn wir mit Gartengeräten und all den anderen Geräten im Haushalt nachlässig umgehen.
Der Schweizer Schriftsteller Lorenz Marti folgert daraus: »Andacht beginnt nicht erst in der Kirche, sondern bereits im Geräteschuppen.«[9] Der Geräteschuppen wird so zur Sak-

ristei, zu einem heiligen Ort, an dem die heiligen Geräte für den noch heiligeren Garten aufbewahrt werden. »Was hat mein Spaten, mein Setzholz oder das Pikiergerät Heiliges an sich?«, mag ein Gartenfreund fragen. Mit dem lärmenden Rasenmäher verbindet er so gar nichts Heiliges. Ganz im Gegenteil wirkt dieser Krachmacher im sonst so stillen Garten eher störend und furchtbar ordinär.

Was ein Gerät heiligt, ist tatsächlich nicht das Gerät selbst, sondern mein Umgang mit ihm. Wenn ich meine Gartenschere, den Spaten oder Rasentrimmer hasse und bekämpfe, kann nichts Gutes dabei herauskommen. Im Gegenteil: Ich schade dabei nicht nur dem Gartengerät, sondern auch mir selbst.

Die »hilaritas«, die »heitere Gelassenheit«, ist die benediktinische Art, sich an eine Arbeit zu machen. Die heitere Gelassenheit nimmt gerade der mühsamen und langweiligen Arbeit die drückende Schwere und Eintönigkeit. Dies gilt sowohl für die Garten- als auch für jede andere Arbeit, besonders jedoch für die Hausarbeit. Benedikt schreibt in einer seiner Regeln: »Keiner ist vom Dienst in der Küche befreit, denn dieser Dienst vermehrt die Liebe.«

Auch im Zen gilt die Unterscheidung zwischen niedriger und höherer Arbeit als Ausdruck eines engen, befangenen Geistes. Jeder Zen-Praktizierende ist daher zu ganz simpler Haus- und Gartenarbeit verpflichtet. Selbst der Abt eines Klosters muss auch mal die Toiletten putzen. Vielleicht würde manche Ehe besser funktionieren, wenn der Herr Bankdirektor oder Diplomingenieur sich nicht zu schade wäre, die Klobürste zur Hand zu nehmen und sowohl seine Spuren als auch die Spuren seiner Kinder wegzuputzen.

Für die Arbeit im Garten gilt das Gleiche: Unkraut jäten, Rasen mähen, Kompost umsetzen und Rosen schneiden – alles sind wichtige Tätigkeiten, die nicht bewertet werden können. Alle Arbeit ist erforderlich und absolut notwendig. Hier zu werten ist wahrlich unklug und der weise Gärtner und die weise Gärtnerin wissen das.

Die meisten Arbeiten, wie Erdboden umstechen, pflügen, säen, Dünger verteilen, jäten und gießen können in entspannter und achtsamer Weise gemacht werden. Ausnahme sind vielleicht die wirklich sehr schweren körperlichen Arbeiten, wie das Bewegen von Felsblöcken oder volle Schubkarren schieben. Doch auch hier ist wichtig: Es ist besser, sich nicht zu überanstrengen und seinen Körper nicht zu misshandeln.

Wenn ich im Garten gebückt Unkraut jäte oder mit der Hacke den Boden bearbeite, dann atmet alles um mich herum. Der frische Boden atmet, der Wurm darin atmet, die Vögel, die Blumen und die Gräser, die Sträucher und die Bäume um mich herum folgen alle ihrem eigenen Atem. Wenn ich innehalte und dessen gewahr werde, so ist es meine Pflicht, dass auch ich meinem eigenen Atem folge.

Ich muss auf meinen Körper achten und ihn mit Respekt behandeln, wie ein Priester seinen Kelch oder ein Musiker sein Instrument. Mein Leib ist der Tempel meiner Seele. Mehr noch: Mein Leib ist auch der Weise, der durch Schmerz anzeigt, wenn ich meinem Leib oder meiner Seele zu wenig Respekt entgegenbringe.

Ganz ähnlich verhält es sich nun mit meinem Gartenwerkzeug. Wenn es verschmutzt vor sich hin rostet und ständig unter meiner Hände Arbeit zerbricht, mangelt es mir vermutlich an Achtsamkeit ihm gegenüber. Der buddhistische Mönch Thich Nath Hanh schreibt, dass er seine Gartenwerkzeuge liebt und respektiert: »Ich benutze sie, während ich meinem Atem folge und ich empfinde, dass diese Werkzeuge und ich zusammen im Rhythmus atmen.«[10]

Gottes Schöpfung auf dem Balkon

Viele Menschen können nicht im eigenen Haus mit blühendem Garten leben. Sie haben jedoch in ihren Wohnungen zahlreiche immergrüne Zimmerpflanzen, auf dem Balkon blühen Geranien in den schönsten Farben, gesunde Kräuter und sogar Tomaten wachsen üppig in großen Töpfen. In jeder Eingangshalle eines öffentlichen Gebäudes stehen Grünpflanzen und um die meisten Bänke am Straßenrand sind Bäume und Sträucher gepflanzt. Sofort wird die Atmosphäre freundlich.

Es ist gewiss: Die Seele des Menschen sehnt sich nach kraftvollem Grün auch in den eigenen vier Wänden. Um wahrhaft glücklich zu sein, braucht die Seele innen wie außen eine Oase des Grüns, braucht heile Natur und sattes Leben. Die Seele wird häufig als Haus und Wohnung bezeichnet, wie Jesus im Johannesevangelium sagt: »Im Haus meines Vaters sind viele Wohnungen« (Johannes 14,2). Doch was ist ein Haus, was eine Wohnung, ohne Leben spendendes Grün? Pflanzen gehören dazu. Vieles, was bisher über den

Garten der Seele gesagt wurde, gilt daher auch für den »kleinen Garten« auf dem Balkon und die Pflanzen in der Wohnung. Ob Zimmerlinde, Yucca-Palme oder Orchideen am Fensterbrett: Sie alle bedürfen ihrer eigenen Pflege und der besonderen Ansprache. Sie sind nicht nur ein »schönes Etwas«, ein Souvenir aus dem letzten Urlaub, das man ab und zu kurz mal abstauben muss. Zimmer- und Balkonpflanzen sind lebendige Wesen, Zeugen der Fruchtbarkeit Gottes, die der Zuwendung bedürfen, genauso wie auch jeder Mensch und die Seele der Zuwendung bedarf.

Der Mensch gedeiht besser, wenn er mit Pflanzen spricht

»Pflanzen gedeihen besser, wenn man mit ihnen spricht!« Auch wenn neuere empirische Forschungen zeigen, dass dies ein Mythos ist, so tut es umgekehrt der Seele des Menschen gut, wenn wir mit Pflanzen sprechen. Der *Mensch* gedeiht besser, wenn er mit Pflanzen spricht! Oder wie ein befreundeter Priester sagte: »Wer die Schöpfung achtsam pflegt, der wird vom Schöpfer achtsam gepflegt!«
Wenn du also das nächste Mal die großen Blätter deines Philodendron abstaubst oder deine Birkenfeige (Ficus benjamini) mit Wasser besprühst, dann sprich freundlich mit ihnen. Wenn du deine Orchidee mit den zarten Würzelchen umtopfst, dann richte ein nettes Wort an sie, so, als ob du dein Baby wickeln würdest. Wie deine Ansprache das Wachstum deiner Pflanze beeinflusst, ist nicht mit Sicherheit nachgewiesen, doch eines ist sicher: Deine Seele dankt es dir.
Dein »kleiner Garten« im Wohnzimmer oder auf dem Balkon ist ein Segen für deine Seele, denn die Beschäftigung mit Pflanzen »holt frisches Leben aus deinem Inneren hervor«. Dem Wortursprung nach bedeutet Segen nämlich »aus der Tiefe hervorholen«. Gerade wer in einer Großstadt lebt und Tag für Tag viel Zeit in der U-Bahn oder im Auto zwischen Wohnung und Büro auf hartem Asphalt zwischen Stahl und Beton verbringt, sollte lebendiges Grün in sein Zuhause bringen.
Und nicht nur das. Gehe, sooft es dir möglich ist, in einen Park. Genieße die mächtigen Bäume, kraftvollen Büsche und grünen Rasenflächen. In ihnen strömt jene göttliche Kraft, die dir und deiner Seele verwandt ist. Diese Kraft ist es, die du mit Pflanzen in die Wohnung und auf den Balkon holen kannst.

Ein Garten öffnet nicht nur Raum für Himmel und Erde, Gott und Mensch. Ein Garten öffnet auch Zeit, neue Zeit, Gartenzeit, die Leib und Seele verbindet, die Leben ermöglicht im Hier und Jetzt:

Für alles gibt es eine Zeit –
Zeit für jedes Vorhaben unter dem Himmel:
Zeit zu gebären und Zeit zu sterben,
Zeit zu pflanzen und Zeit auszureißen.
Zeit zu töten und Zeit zu heilen,
Zeit einzureißen und Zeit zu bauen.
Zeit zu weinen und Zeit zu lachen,
Zeit zu trauern und Zeit zu tanzen.
Zeit, Steine zu werfen, und Zeit, Steine zu sammeln,
Zeit zu umarmen und Zeit, die Umarmung zu meiden.
Zeit zu suchen und Zeit verloren zu geben,
Zeit zu bewahren und Zeit wegzuwerfen.
Zeit auseinanderzureißen und Zeit zusammenzunähen,
Zeit zu schweigen und Zeit, Worte zu machen.
Zeit zu lieben und Zeit zu hassen,
Zeit für den Krieg und Zeit für den Frieden.
Buch Kohelet 3,1–8[11]

»Alles hat seine Zeit«, so der Prophet Kohelet. Und er fährt fort: »Alles hat Gott schön gemacht zu seiner Zeit. Und hat das Immer in das Herz des Menschen gelegt, ohne dass sie herausfinden können, was Gott von Anfang bis Ende gewirkt hat« (Kohelet 3, 11). Gott wirkt. Gott wirkt in deinem Garten. In deinem äußeren Garten und im Garten deiner Seele wirkt Göttin Gott wie eine alte Schicksalsgöttin und webt seit ewigen Zeiten deinen Lebens-Faden zum Teppich deiner *Wirk*lichkeit. Gott wirkt immer und er hat das Immer in dein Herz und deinen Garten gelegt. In dir ist ein Ort, an dem Gott wohnt, und gerade jetzt – in diesem Moment – wirkt er an dir.

Wo Gott in uns wohnt

Wo Gott in uns wohnt, sind wir frei und heil, denn dieser innere Garten ist der Welt und ihrer Macht nicht zugänglich. Dort ist der Wirkbereich Gottes und niemand hat Macht über Gott. Dort ist der Ort und die Zeit tiefer, innerer Freude, Ort und Zeit unseres wahren Glücks. Dieses Glück kann uns niemand rauben; allerdings können wir es auch niemals besitzen, denn Gott lässt sich nicht besitzen. Gott ist inwendig und zugleich unverfügbar, uns nah und zugleich fern. Gott hat das Immer in unseren Garten gelegt, ohne dass wir herausfinden können, was Gott von Anfang bis Ende wirkt. Für das Wort »immer« steht im hebräischen Urtext »olam«. Im biblischen Sprachgebrauch ist damit die alle Vergänglichkeit überschreitende, dauernde, bleibende Zeit bezeichnet und kommt so der Vorstellung von Ewigkeit nahe. Gott selbst ist olam (Genesis 21,33) und Ursprung aller Zeit (Römer 16,26). Ewigkeit meint nicht eine lange, chronologische Zeit, sondern »Kairos«, eine qualitativ hochwertige Zeit. Olam ist die Zeit eines ganz und gar lebendigen Lebens. Als Gärtner und Gärtnerin kennen wir diese intensive, Energie spendende Zeit, prall gefüllt mit Ewigkeit: Wir verrichten irgendeine Arbeit in unserem Garten und die Zeit wird nicht lange, sondern vergeht wie im Flug. Wir schauen auf die Uhr und staunen, dass es schon so spät ist. Da waren wir voll Lust und voll Aufmerksamkeit, gelassen und konzentriert in uns selbst versunken, wie ein Kind in seinem Spiel ohne Störungen und Ablenkungen; wir waren ganz bei uns und ganz bei unserer Arbeit im Garten. Genau diese Art von erfüllter Zeit ist mit olam, mit immer und mit Ewigkeit gemeint.

»Doch alle Lust will Ewigkeit …«, schreibt Friedrich Nietzsche in *Also sprach Zarathustra*. Mir scheint, der gute Friedrich war auch ein Gärtner. Von der Zeit, von der Lust an der Zeit und von der Lust an göttlicher Ewigkeit soll daher im Folgenden die Rede sein, wenn es um die Qualität der Gartenzeit geht.

Der Garten schenkt uns in seinem steten Wandel nicht nur ein Erleben des Jahres und des Tages, sondern bewirkt auch, dass wir sensibel werden für den Kreis des Lebens. Frühling, Sommer, Herbst und Winter und die unterschiedlichen Ewigkeiten im Kreis des Tages können zum Sinnbild unseres menschlichen Lebens werden.

Der Kreislauf des Jahres

Unser Kalenderjahr beginnt mit dem 1. Januar, also mitten im Winter. Das alte, jüdische Neujahr begann an »Rosch Haschana«, mit dem Beginn der Regenzeit im Herbst. Ebenso begann das keltische Neujahrsfest »Samhain« (Tod des Sommers) mit dem 11. Vollmond nach der Wintersonnenwende, also Ende Oktober.

Demnach beginnt das Jahr in vielen alten Kulturen mit oder in der dunklen Zeit, mit dem Herbst und Winter. Noch heute fängt das Kirchenjahr der Christen Ende November an mit Beginn des Advents. Wie die Ankunft Gottes in dieser Welt mit der Schwangerschaft Mariens seinen Anfang nahm, so begann auch unser aller Leben in der Dunkelheit, mit der fruchtbringenden Schwangerschaft im Leib unserer Mutter.

Es ist also nicht der Frühling, mit dem das Jahr beginnt, mit den länger werdenden Tagen, sondern es beginnt in der Dunkelheit des Winters, mit Ruhe und Schwangerschaft.

»Die wesentliche Gartenarbeit beginnt mit Innehalten, mit Ruhe!«, scheint die zentrale Botschaft des Jahreskreises zu sein. Dies zeichnet ein *spirituelles* Gartenbuch aus: Es sind Muße und Winter, die jeglichem Schaffen vorangehen.

Winter

Im Winter scheint der Garten zu schlafen. Die Vegetation hat sich in sich selbst zurückgezogen, genießt die Ruhe unter einer weißen Schneedecke und sammelt Kräfte für den nahenden Frühling. »In der Ruhe liegt die Kraft!«, sagt uns der Winter und er ist bereits schwanger mit dem Frühling. »In der Ruhe liegt die Kraft!«, sagt uns im Advent Maria und sie ist schwanger mit dem Sohn Gottes. »In der Ruhe liegt die Kraft!«, sagt die Hebamme zur werdenden Mutter im Geburtsvorbereitungskurs. »In der

Ruhe liegt die Kraft!«, sagt die weise Gärtnerin zu ihrem Mann, wenn es nichts zu pflanzen, zu ernten und zu mähen gibt. Winter ist Schwangerschaft, ist Advent, ist Warten auf die Ankunft und Vorbereitung auf den nahenden Frühling.

Winter ist Schlaf und der Bruder des Schlafes ist der Tod. So hat der Winter auch mit Sterben und Tod zu tun. Das Bewusstsein des Menschen, dass er eines Tages sterben wird, motiviert zum Leben. Die Gewissheit und der Schrecken des Todes zeigen uns unmissverständlich die Begrenztheit des Lebens auf und so wird gerade das existenziellste aller Probleme, der Tod, zum Garant der Freiheit.

Der Theater- und Filmregisseur Christoph Schlingensief schreibt daher folgerichtig in seinem Tagebuch eines Krebskranken: »Diese Erde ist bis jetzt der einzige freie Ort im Universum, in dem man gestalten und auch glücklich sein kann (…) Probleme sind wichtig, klar. Aber sie zu lösen, ist eben die Freiheit, die man hat.« Und er fährt fort: »Die größte Idee von Freiheit ist wahrscheinlich, dass man ein Problem lösen kann.«[12]

Die größte aller Herausforderungen

Der Winter, das Sterben und der Tod sind für uns Menschen die größte aller Herausforderungen. Und es ist die Hoffnung auf Frühling, die uns begreifen lässt, dass wir uns um die Erde kümmern müssen, auch im übertragenen Sinn. Sterben und Tod sind wesentliche Ursachen, dass Religionen entstanden sind. Archäologische Funde zeugen davon, dass die Menschen schon vor Urzeiten an ein Weiterleben nach dem Tod, an einen »neuen Frühling« glaubten.

Wären wir Menschen unsterblich oder wüssten wir nicht von unserer Sterblichkeit, so würde wohl so manches Menschenleben anders verlaufen. Die Bewusstheit unseres Sterbens und unseres Todes verleiht dem Leben Struktur und Ordnung. So stellte der amerikanische Astronom Carl Sagan, nachdem er eine lebensbedrohliche Krankheit überstanden hatte, fest: »Eigentlich sollte jeder einmal im Sterben gelegen haben; man bekommt einen viel klareren Blick für all das, was wichtig ist und was nicht und was das Leben wertvoll und schön macht.«[13]

Dein Garten macht jeden Winter solch eine Nahtoderfahrung. Und jedes Jahr ist es ein neues Wunder der Schöpfung, wie viel Leben in Christrose und Schneeglöckchen steckt und wie sich der Garten vorbereitet auf das Fest der Auferstehung im Frühling. Genau dies ist es, was der Winter jedes Jahr lehrt.

Nicht nur der äußere Garten erlebt Jahr für Jahr solch einen Winter mit Eis und Kälte, sondern auch der innere Garten unserer Seele kennt solche Winter. Wenn alle Blätter von den Bäumen gefallen sind und nur noch ein paar Äste von Bäumen und Sträuchern sich wie dürre Finger dem Himmel entgegenrecken, dann trotzen noch ein paar Buchsbäumchen mit ihrem satten Grün dem farblosen Weiß des Winters – aber nun erkennen wir die wahre Form und Struktur unseres Gartens.

Wenn alles kahl, leblos und rundum in winterlichem Tod erscheint, zeigt der Garten seine wirkliche Gestalt und Schönheit. Im Winter sitzen Gärtner und Gärtnerin vielleicht am warmen Kachelofen nah beieinander und es ist Zeit für Regeneration, Zeit für die Besinnung auf das Wesentliche, Zeit der Erholung für Mensch und Natur.

Die Seele ist schwanger

So ist die Winterzeit nicht der Tod, sondern eine Art »Schwanger-schaft des Gartens«, prall gefüllt mit Frühling und der Hoffnung auf das nahende Er-wachen. Und auch für die Seele ist die Winterzeit gleichsam eine Art »Schwangerschaft«, prall gefüllt mit Hoffnung auf das nahende Erwachen eines Lebens in Fülle und Ganz-heit. Leben beginnt nicht mit der Geburt, sondern mit Zeugung und Schwangerschaft. Neun Monate Ruhe und Verbundenheit mit der Urkraft des Mütterlichen ist der mensch-liche Lebensanfang. Winter ist Muße, ist Schwangerschaft, ist Warten und daher aktive Zeit, obwohl alles – oberflächlich betrachtet – tot erscheint.

Schwangere Frauen halten gern ihren größer werdenden Bauch, berühren, massieren und wärmen ihn. Von ihnen können und sollen wir lernen, auch unsere schwangere See-le zu halten, zu berühren, zu massieren und zu wärmen. Unsere Seele ist schwanger mit Gott! »Wäre Gott tausendmal in Betlehem von Maria leiblich geboren«, sagt Angelus Silesius, »aber nicht in dir: es wäre alles umsonst!«

So ist jeder Winter, jeder Advent und jede Weihnacht Vorbereitung auf die Geburt Gottes in uns. Dies ist der Kern der Evangelien, das Zentrum jeglicher spiritueller Gartenarbeit: dass Gott in uns geboren wird; dass Gott in uns Mensch wird!

Der scheinbare Tod des Winters bekräftigt unsere Seele Ruhe zu finden, sich zu sammeln, um im nahenden Frühjahr mit neuen Kräften der Kälte der Welt und der Mühsal des Lebens mit göttlicher Wärme und Energie zu begegnen.

Seit alters her begegnen die Menschen in unserem Kulturkreis dem kalten Winter mit einem Lichtermeer am 2. Februar. Während Christen an diesem Tag *Maria Lichtmess* und das Ende des Weihnachtskreises feiern, begingen die Römer diesen Tag früher mit Pro-zessionen und Lichtfeiern. Die Kelten feierten an diesem Tag das heilige Fest *Imbolc*. Die Winterlämmer waren groß genug, Heu und Gras zu fressen, und so wurde mit der Milch der Mutterschafe Käse zubereitet, der zu diesem Fest des beginnenden Frühlings zum ersten Mal in diesem neuen Jahr gegessen wurde. Sie feierten das Wieder-Erwachen der Natur, das Neu-Erstarken der Seele.

Frühling

Jede Jahreszeit steht für eine bestimmte Phase des menschlichen Lebens. Während der Winter die Schwangerschaft symbolisiert, kommt der Frühling der Geburt eines Kindes gleich. Erst liegt alles in Wehen, traut sich nicht so recht in den Geburtskanal und schließlich bricht dann doch das neue Leben durch. Die Italiener haben dieser Zeit einen besonders schönen Namen gegeben: »la primavera« – »die erste Wahrheit«.

Das Wachstum des Frühlings geschieht meist erst zaghaft, erlebt Rückschläge durch Winter, Kälte und Schnee. Doch dann – oft explosionsartig – ist alles fruchtbare Erde und grüne Frische. Die bunten Farbtupfer in Bäumen, Sträuchern und Stauden öffnen unser Herz und unsere Seele. Wir spüren: Alles, was leben will, ist ständig neu.

In der totgeglaubten Winterlandschaft sehe ich jedes Frühjahr die pralle und drängende Lebendigkeit Gottes. An kargen Ästen werden aus kleinen, farbigen Punkten zuerst Knospen, dann Blätter und Blüten. Der spirituelle Gärtner und die weise Gärtnerin wer-

den in solchen Momenten vom Geheimnis des Lebens völlig gefangen genommen, sie können das unberührbare Lebensgeheimnis buchstäblich mit Händen greifen. Natürlich blühen Tulpen, Narzissen und Blüten an Büschen auch dann, wenn wir sie nicht wahrnehmen, wenn wir nicht staunen über dieses Wunder der Schöpfung. Aber gerade indem wir schauen und staunen, geschieht die eigentliche Schöpfung. Sie geschieht in mir und geschieht in dir, weil wir uns einlassen auf dieses Wunder, weil wir uns einlassen auf diese erste Wahrheit, namens Frühling.

Es ist, als ob uns die Blüten von Schneeglöckchen, Primel, Goldregen, Apfel und Kirsche zurufen würden: »Schau! Schau uns an! Schau die lebendige Kraft in unseren zarten Knospen! Wir leben mitten in dieser Landschaft des Todes. Jeder und jede ist eine Blüte! Auch du. Ob im Großraumbüro oder in der vollen Straßenbahn: Du bist eine Blüte in einer kargen Welt! Du bist Leben mitten im Tod!« Immer im Frühling beim Erwachen des neuen Lebens spüre ich ganz deutlich: Es gibt im Augenblick nichts Wichtigeres. Und nichts ist wichtiger als dieser Augenblick.

Mit dem Frühling erwacht die Seele

In dieser Zeit höre ich die *Vier Jahreszeiten* von Giuseppe Verdi besonders gern: Gerade dieser schier endlose Kampf des erwachenden Frühlings und der sterbenden Frau Winter, dieses Sich-Aufbäumen und Niedergedrückt-Werden und wieder Sich-Aufbäumen … Dieser Kampf erinnert mich auch an die Geburt meines ersten Sohnes, die 23 Stunden gedauert hat. Letztlich siegt der Frühling immer über den Winter; siegt die Geburt immer über die Schwangerschaft; siegt das Leben immer über den Tod. Das ist die zentrale Botschaft des Frühlingsgartens.

Wenn ein Kind geboren wird, aus der ersten, leiblichen Gebärmutter ausgestoßen wird, dann ist es die neue und grundlegende Aufgabe der Eltern, dem Neugeborenen eine zweite, soziale Gebärmutter zu sein. Die alte Gebärmutter wird zu eng, vergeht und stirbt für den Embryo ab und es eröffnet sich eine neue, familiäre Gebärmutter des Lebens. Jede Geburt ist mit dem Tod verbunden. Das Neugeborene macht die Erfahrung grenzenloser Abhängigkeit, denn ohne die Sorge anderer Menschen würde es versinken in Schmutz und Elend. In der Geburt erfährt der Mensch: Ich bin empfangen, ich verdanke mich einem Du und einem Wir. Das hilflose Geschöpf erlebt nicht Verstoßung, sondern Aufgenommen-Werden und Angenommen-Sein in einem Verbund von anderen Menschen. Je stärker und inniger diese neue Verbundenheit Eltern-Kind ist, desto leichter wird es dem Kind fallen, durchs Leben zu gehen. Später wechselt das Kind von der Gebärmutter Familie zur Gebärmutter Kindergarten und noch später zur Gebärmutter Schule. Immer nimmt es in seiner Seele die Erfahrung des ersten Gebärmutterwechsels mit.

Das Erwachen der Schöpfung und Natur, das »Geborenwerden« in unserem Garten erleben wir im Frühling in uns selbst höchst intensiv. Frühlingsgefühle beseelen und animieren uns; neuer Tatendrang belebt uns im tiefsten Inneren. Vogelgezwitscher dringt nun nicht nur an unser äußeres Ohr, sondern auch in uns zwitschern, pfeifen und frohlocken »innere Vögel«. Kraftvolle Lebensenergien steigen neu in uns auf und wir sind zu »allem bereit«. Oft beflügelt uns dabei eine Art jugendlicher Größenwahn.

Frühling ist die Zeit des Aufbruchs, die Zeit, Neues zu wagen. Wer Neues wagt, zeigt Mut, auch den Mut, einmal Fehler zu begehen. Wir leben in einer Welt des Perfektionismus und einer Gesellschaft, die Schwächen gegenüber oft unnachsichtig ist. Für eine ertragreiche Ernte ist es gewiss notwendig, im Garten möglichst fehlerfrei zu arbeiten. Doch wer jeden Fehler vermeiden möchte, dem passieren sie erst recht. Gärtner, die absolut keine Fehler begehen möchten, leben am wahren Leben vorbei und werden nie etwas Neues erschaffen. Sind wir auf Fehlerfreiheit fixiert, lähmen wir uns selbst und wiederholen das ewig Alte. Der Frühling ist der Erneuerer und lehrt uns etwas ganz anderes. Vollkommen neu, voll Mut und Tatendrang, unvorsichtig und übermütig erwacht er in den neuen Tag und die neue Zeit hinein.

Auferstehung aus der Tiefe

Am Sonntag nach dem ersten Frühlingsvollmond feiern wir das Osterfest, das Fest von Auferstehung und Wieder-Erwachen. Die Herkunft des Wortes Ostern ist nicht ganz gesichert. Manche Forscher vermuten, dass es mit der Himmelsrichtung Osten zusammenhängt, da sich dort täglich *Eos* (griech.), bzw. *Aurora* (röm.), die Göttin der Morgenröte, zeigt. Der deutsche Namensforscher Jürgen Udolph hingegen vertritt die Meinung, dass Ostern vom Wort ausa abstammt, das »(mit Wasser) begießen« bedeutet. In früheren Zeiten und noch heute wurden in der Osternacht Kinder und Erwachsene getauft und trugen eine Woche lang – bis zum sogenannten Weißen Sonntag – weiße Kleider.

Taufen heißt wortursprünglich: »in die Tiefe führen«. Durch die Taufe bekennen wir, dass dieses Kind, dieser kleine Mensch, ursprünglich nicht von seinen Eltern kommt, nicht *allein* von seinen Eltern kommt, sondern in der Tiefe seines Herzens und seiner Seele ein Kind Gottes ist. Taufe meint: »In der Tiefe unseres Herzens sind wir nicht Kinder unserer Eltern, sondern Kinder Gottes.« Taufen bedeutet daher für die Eltern Loslassen und Vertrauen in die offene Zukunft Gottes. Taufen bedeutet, sich verabschieden von der Oberflächlichkeit und hineinwachsen in die Tiefe des wahren Lebens.

Wenn Eltern ihr Kind taufen lassen, dann sagen sie gewissermaßen: Dieses Kind gehört im Kern nicht uns, wir sind nicht Besitzer dieses Kindes, sondern dieses Kind gehört Göttin Gott. Sie ist die wahre Schöpferin und Gärtnerin unseres Kindes. Wir als Eltern können nur den Boden, die Umgebung für unser Kind bereiten; was aus unserem Kind letztlich wird, ist allein Göttin Gott überlassen. Ganz ähnlich ist die Frühlingsarbeit des Gärtners und der Gärtnerin zu sehen: Wir können nur den Boden lockern und die frische Saat aussäen; was aus unserer Saat letztlich wird, ist allein Göttin Gott überlassen.

In den Frühlingsmonaten wurden und werden in allen alten Kulturen Fruchtbarkeitsfeste und Natur-Rituale gefeiert. Tag-und-Nacht-Gleiche, das keltische Beltane und die Feiern zum 1. Mai sind Schöpfungsfeierlichkeiten, oft auch heilige Hochzeiten. Hier erhalten Mensch und Tier die Chance, sich mit der geplagten und gequälten Mutter Erde zu versöhnen.

Mutter Erde ist die ewige, wärmende und versorgende Gebärmutter. Unser Garten, die gesamte Schöpfung ist eine großartige Gebärmutter Gottes und auch der Garten unserer Seele will Gebärmutter Gottes sein, damit Gott in uns Mensch wird. Gebärmutter heißt im Hebräischen *rähäm* und ist verwandt mit *rahomim*, das Barmherzigkeit bedeutet. Jesus und viele andere Propheten, z.B. Hosea, fordern ihre Zeitgenossen immer wieder zu Barmherzigkeit, also »Gebärmütterlichkeit« auf. In der jüdischen Kultur war der Sitz der Gefühle in den Gedärmen, insbesondere auch in der Gebärmutter. Als Gärtner und Gärtnerinnen, im Umgang mit Kindern und in zwischenmenschlichen Beziehungen allgemein dürfen wir daher getrost unseren »Bauchgefühlen« und unserer Intuition trauen.

Im Kreislauf des Lebens spiegelt der Frühling die Kindheit und frühe Jugend. Frühling schmeckt nach steter Frische, nach unbändiger Kraft und neuem Anfang, dem ein Zauber innewohnt. Von Monat zu Monat werden die Pflanzen unter der Sonne geschmackvoller und wohlriechender. Ähnliches geschieht bei der menschlichen Entwicklung: Je mehr Liebe, Wärme und Zuwendung das Kind erfährt, desto wohler wird es sich fühlen und desto mehr wird es dieses Wohlbefinden ausstrahlen.

Heute wollen Werbung und Wirtschaft diese Blütezeit gern in Form von ewiger Jugend bewahren und teuer verkaufen. Doch das Leben endet nicht mit der Jugend, sondern geht weiter und so folgt auf den jungen Frühling der satte Sommer.

Sommer

Der Früh-Sommer ist die Zeit des Erwachsenwerdens, eine Zeit der Fülle. Der Garten erscheint in seiner überwältigenden Blütenpracht, unterschiedliches Gemüse reift heran und für manche Kräuter ist bereits Erntezeit. In leuchtenden Farben zeigen sich lila Malven und Lavendel, Ringelblumen in sattem Orange, und das kraftvolle Grün von Minze und Melisse bildet dafür einen schönen Hintergrund. Mitte August, an Maria Himmelfahrt, bringen wir die geernteten Kräuter zur Kräuterweihe in die Kirche.

Im Garten herrscht Überfluss und in früheren Zeiten war der Sommer jene Zeit, in der alle wieder einmal richtig satt wurden. Sommer ist die Zeit, in der wir aufatmen, die Wärme auf der Haut spüren und wir es uns gut gehen lassen können. Der Garten macht viel Arbeit, doch es ist auch genügend Zeit zum Baden, zum Faulenzen auf der Liege im Grünen, zum Federballspiel oder zur kühlenden Wasserschlacht mit den Kindern.

Im Sommer unseres Lebens, mit dreißig, vierzig Jahren, bringen wir unsere Gaben und Talente zum Blühen. Wir dürfen die ersten Früchte unseres Schaffens pflücken. Vielleicht gründen wir eine Familie, bauen ein Haus, machen Karriere oder schreiben ein Buch … Sommerliche Lebensenergie und unerschöpfliche Kraft überwältigen uns regelrecht. Die Tage sind lang und warm und es schwebt ein bezaubernder Duft in unserem Garten wie eine herrliche, alle Sinne berührende Symphonie von Blüten und Zweigen.

Die Anstrengungen der Lehre, die Entsagungen während des Studiums haben sich gelohnt. Sommer ist die Zeit des jungen Erwachsenseins und die Früchte der ersten Lebenshälfte können eingeholt werden: die Familie ist gegründet, das Haus ist gebaut und unser Chef honoriert unsere Arbeit gebührend. Es geht uns rundum gut und wir wünschen uns, dass diese Zeit der Fülle nie enden möge.

Spätsommer und die Nacht der Sinne

Doch schon naht der Spätsommer, der am Morgen feucht riecht und über Mittag statt unerträglicher Hitze milde Wärme bringt: die Zeit der Lebensmitte. Intuitiv spüren wir: »So kann das Wachsen nicht weitergehen! Es muss sich an unserem Lebenswandel etwas ändern. Nur Schaffen und Raffen kann nicht der Sinn sein!« Und wie ein Septembermorgen unseren Garten in sanftes Licht taucht, so erkennen wir, dass die Zeit der unerschöpflichen Aktivität ein Ende haben muss, haben darf. Auch schmerzhafte Schicksalsschläge bringen einem diese Erkenntnis näher.

Im Spätsommer des Lebens kommt die »Nacht der Sinne« über uns. Sie lässt uns reifen, und wo wir im Frühling und Sommer unsere Seele nach außen kehrten, so wenden wir uns in dieser Lebensphase mit sanftem Bedacht nach innen. Im Garten unserer Seele werden die Schatten länger und das Dunkel der Nächte fällt über uns. Die dunkle Nacht der Seele (Johannes vom Kreuz) führt uns auf Wegen und manchmal auch auf Umwegen durch die Finsternis und lehrt uns den Sinn des Mitleidens. Wir erkennen, dass alles, was ist und was lebt in unserem Garten, eins ist; dass alles mit allem in tiefer Verbundenheit verwoben ist, dass alles wechselseitig von allem abhängig ist und dass alle Lebensvorgänge ein Ineinanderfließen von Kräften sind, die alles durchströmen. Die dunkle Nacht der Seele führt uns zur lebendigen Quelle.

Aus der Nacht der Sinne und der Bewusstheit des Spätsommers erwächst ein zärtliches Mitgefühl für alles Lebendige und vor allem für die schwachen, fruchtlosen Seiten des Lebens. So schreibt Jörg Zink: »Mitgefühl wird eine der Tugenden der Zukunft sein.« Er meint, dass Mitgefühl mit der wachsenden Zerstörung von menschlichem, tierischem und pflanzlichem Leben auf Erden, Mitgefühl für das Schwache und Sterbende immer wichtiger wird und so in Zukunft unser religiöses Denken und politisches Tun bestimmen wird.

Mitgefühl äußert sich im nahenden Herbst durch Achtsamkeit, Sorgfalt, Rücksicht, Behutsamkeit und der Fähigkeit zuzuhören. »Mitgefühl«, so Jörg Zink, »ist Ehrfurcht vor dem Wehrlosen, dem Schwachen, dem Tod Verfallenen, und es ist ein Geschenk des Lebens an den, der leidet unter dem Mangel an Lebenskraft und Lebendigkeit.«[13] Sehr schön ist das zu beobachten, wenn aus Eltern Großeltern werden, wenn wir uns vom Sommer des Lebens dem alles loslassenden Herbst zuwenden.

Herbst

Im Herbst bekommen andere Früchte als im Sommer ihre Farbe und Süße. Der Geruch des Herbstes ist satt und voll. Doch am Gaumen spüren wir bereits einen Vorgeschmack von Abschied. Was sich der Weinstock, Apfel- und Birnbaum im Frühjahr erträumte, verteilt er im Herbst großzügig als Frucht. Wir brauchen nicht mehr zu schaffen und uns anzustrengen: Was wir im Frühjahr gesät und im Sommer gepflegt haben, wächst und reift – wie durch ein Wunder – ganz von allein. Kinder werden erwachsen und bringen Enkelkinder hervor und wir können uns geruhsam zurücklehnen und die Früchte unserer Arbeit ernten.

Jedes Jahr im Herbst feiern wir Erntedank. Dankbarkeit ist die einzige Antwort, die uns bleibt, wenn alles von selbst wächst, reift und zur Ernte bereitsteht. Von den Bäumen können wir dieses selbstlose Loslassen lernen. Nicht Trauer und Schmerz sollen den Herbst des Lebens bestimmen, sondern eine reife Dankbarkeit und das Lob an den Schöpfer dieser Wunder.

Und dann hängt Morgennebel über unserem Garten. Obwohl wir es mit dem Kopf schon immer wussten, wird uns im Herbst unseres Lebens erstmals wirklich bewusst, dass auch wir einmal sterben werden. Zudem sterben in dieser Zeit auch Menschen, die uns lieb geworden sind, mit denen wir in tiefer Verbundenheit standen. Herbst heißt ernten und Abschied nehmen. Trauern ist schmerzhaft und wir weinen befreiende Tränen. Wer trauert, baut eine neue Beziehung zum Verstorbenen auf und erlebt nach der Zeit des Trauerns den Verstorbenen als inneren Begleiter.

Wenn die Blätter fallen

Im Garten der Seele ist ein würdiger Platz für unsere Toten bereitet, ein Ort, an dem wir innigen Kontakt mit dem Verstorbenen pflegen können. So tragen wir in unserem Herzen einen »inneren Friedhof«. Dort spricht der geliebte Mensch zu uns und manchmal dürfen wir erfahren, dass er uns beisteht, dass er uns in einer schwierigen Situation einen hilfreichen Gedanken schickt. Vor allem aber schenkt uns der geliebte Verstorbene die Hoffnung, dass, wenn wir selbst einmal sterben, wir nicht ins Bodenlose fallen, sondern dass da ein göttlicher Gärtner ist, der dieses Fallen unendlich sanft in seinen Händen hält. So schreibt Rainer Maria Rilke in seinem Gedicht »Herbst«:

Die Blätter fallen, fallen wie von weit,
als welkten in den Himmeln ferne Gärten;
sie fallen mit verneinender Gebärde.

Und in den Nächten fällt die schwere Erde
aus allen Sternen in die Einsamkeit.

Wir alle fallen. Diese Hand da fällt.
Und sieh die andre an: es ist in allen.
Und doch ist Einer, welcher dieses Fallen
unendlich sanft in seinen Händen hält.[15]
Rainer Maria Rilke

Im Herbst fallen die Sonnenstrahlen nun in einem kleinen, schrägen Winkel in unseren Garten ein und tauchen die Schönheit alles Gewordenen in sanftes, kostbares Licht. Das Laub der Sträucher und Bäume verfärbt sich in Gelb-, Rot- und unterschiedliche Brauntöne. Göttin Gott spielt mit ihrer mannigfaltigen Farbpalette; ein fröhlich-buntes Abschiedsfest vor der grau-weißen und kalten Winterzeit. Die Vielfarbigkeit unseres äußeren und inneren Gartens zeigt uns, dass Altwerden nicht trostlos sein muss, sondern dass wir mit den farbigen Blättern der Seele auch innere Gelassenheit finden können.

Der Epheserbrief des Apostels Paulus spricht an einer Stelle von der »vielfarbigen Weisheit Gottes«. Göttin Gott und ihre Weisheit schenken dem Gärtner und der Gärtnerin zahlreiche vielfarbige Erfahrungen von Reichtum und Leben in Fülle. So sind auch wir selbst und jeder einzelne Mensch, dem wir begegnen, nicht grau, sondern vielfarbig. Jeder Tag, jede Stunde und jeder Augenblick, den wir auf dieser Erde atmen, ist vielfarbig und eingetaucht in viele Töne; Leben ist eine bunte Melodie, eine wahrhaft einzigartige Symphonie. Leben ist zugleich voller unterschiedlicher Düfte und Geschmäcker und ein heiliges Ineinander von inneren und äußeren Berührungen.

Unsere Wirklichkeit ist eingetaucht in Farben von Musik und Berührungen von Schönheit, Erhabenheit und Sinnlichkeit. Aber auch Schrecken, Schmerz und Einsamkeit machen sich in unserer Seele breit. Beides gehört zum Ganzen und hinterlässt Spuren.

Falten

Wenn ich alt werde,
Möchte ich Falten haben,
Ganz viele Falten:
Vom Lachen
Lächeln
Schmunzeln
Gütigsein
Sorgenmachen über und für andere.
Meine Geschichte soll in meinem Gesicht stehen

Und jeder, der sie liest, soll sagen:
Das ist eine gute Geschichte.

Mein Gesicht soll eine Landschaft werden
Mit Berg und Tal,
In denen Menschen sich verlieren und
Wiederfinden können.
Mit Furchen,
In denen der Schabernack lauert,
Und Winkeln voll Güte und Trost,
Mit Ebenen, um sich auszuruhen,
Und Gruben, in denen man sich geborgen fühlt.

Und jeder soll sagen:
Das ist eine gute Landschaft,
Das ist die Landschaft,
Die ein Mensch ist.
Autor unbekannt[16]

Auf den Herbst folgt der Winter und wir wissen – er ist nicht der Tod. Winter ist ein Übergang, ein Kräfte-Sammeln und Schwanger-Sein vor dem neu erwachenden Frühling. Mit und durch diese Garten-Erfahrung dürfen wir darauf vertrauen, dass auch mit unserem leiblichen Tod nicht alles aus ist, sondern ganz im Gegenteil, dass unser Leib in die Erde des Friedens-Gartens gelegt wird und nach einer Zeit der Schwangerschaft und Läuterung zusammen mit der Seele von Neuem erwacht in einem ganz anderen Garten. Dort werden wir als ganze Person all jene Menschen, die uns vorausgegangen sind, voll Freude wiedersehen und umarmen. Und das Schönste dabei ist: Die Äcker in jenem Garten werden von selbst Früchte hervorbringen. Dieser ganz andere Garten, in dem wir auftauchen werden, wenn wir hier abtauchen müssen, ist seit jeher die große Hoffnung der Menschheit.

Der Kreislauf des Tages

Wie der Kreislauf von Winter, Frühling, Sommer und Herbst, so offenbart uns der Kreislauf des Tages von Abend, Nacht, Morgen, Mittag und wieder Abend tiefe Weisheiten über den Kreis unseres Lebens.

Wer nur auf die Uhr schaut, für den beginnt der neue Tag um Mitternacht: Es ist 24:00 Uhr, zugleich 0:00 Uhr, heißt es im Radio. Für den Bauern beginnt der Tag mit dem ersten Hahnenschrei. Andere beginnen den Tag im Morgengrauen oder wenn sie aufstehen und zur Arbeit müssen. In vielen alten Kulturen, im Judentum oder bei den Kelten, beginnt der Tag nicht mit dem Morgengrauen, sondern mit dem Einbruch der Nacht, wenn zwei Sterne am Himmel stehen. Nicht mit Aufstehen, Schaffen und Raffen fängt der Tag an, sondern mit der Ruhe und Muße des Abends und der Nacht. In dieser Sichtweise steckt viel Weises und viel Tröstliches.

Heute machen viele Menschen gern die Nacht zum Tag. Elektrisches Licht und andere technische Errungenschaften machen es möglich, dass kaum noch ein Unterschied zwischen Tag und Nacht besteht, und viele werden durch diese Lebensweise krank. Burn-out ist die Modekrankheit von heute und meint eigentlich nichts anderes, als dass wir ausgebrannt sind, dass wir unser Leben nicht richtig belichtet und nicht richtig beleuchtet haben.

Abend

Vor der Erfindung der Elektrizität begann der neue Tag mit der Dämmerung des vorangehenden Abends. Das Leben unserer Vorfahren begann in Dunkelheit, im Schatten. Wir kennen dies von unserer vorgeburtlichen Zeit. In der dunklen, warmen und bergenden Gebärmutter begann unser einmaliges Dasein hier in Gottes Garten. Und der kalte, schlafende Winter birgt bereits den Frühling.

Am Abend, am Feier-Abend, wenn die Hitze des Tages vorbei ist, kann ich die Ruhe meines Gartens und die Ruhe meines Herzens genießen. Wenn es dann Nacht wird, lege ich mich hin, um zu schlafen. Der Schlaf gilt als Bruder des Todes. Im Schlaf überkommen uns Träume aus dem Garten unserer Seele und bringen uns Botschaften aus einer anderen Welt. Träume sind Engel, sind Boten Gottes. Wenn wir schlafen, kommen wir in Berührung mit der Anderswelt.

Diesseits und Jenseits liegen gar nicht so weit auseinander, wie wir manchmal glauben. Nacht für Nacht gleiten wir im Schlaf hinüber in diese andere Welt und mithilfe von Träumen kehren wir mit heilsamen Botschaften zurück in das Diesseits unseres Alltags. Diesseits und Jenseits sind miteinander verbunden und ineinander verwoben. Von dieser jenseitigen Welt stammen wir alle ab und werden eines Tages auch wieder dorthin zurückkehren. Der Schlaf, als Bruder des Todes, gibt uns eine leise Ahnung davon.

Morgen

Wenn dann der Morgen erst unscheinbar und farblos graut, liegt im Sommer noch feuchter Tau im grünen Gras. Gerade im Sommer ist es für Gärtnerinnen und Gärtner ein besonderes Erlebnis, schon in den Morgenstunden im Garten zu arbeiten. Wenn wir erst einmal aus dem Bett sind, dann sind wir in der Frühe meist voller Energie und Schaffenskraft.

Dazu Reinhard Meys wunderschönes Liebeslied für seine Frau:

Sommermorgen

Durch's offene Fenster dringt der Tag ins Zimmer,
und Morgenlicht durchflutet schon den Raum.
Ich spür' dich neben mir, du schläfst noch immer
und suchst ihn festzuhalten, deinen Traum.
Wie gern hab' ich es, neben dir geborgen,
noch nachzudenken über dich und mich,
wie gern mag ich die hellen Sommermorgen,
wie lieb' ich dich.[17]

So wie Reinhard Mey in diesem Lied die Liebe zu seiner Frau besingt, so singen seit alters her Männer und Frauen in den Klöstern jeden Morgen ein Lob- und Liebeslied auf den Schöpfer und seinen wunderbaren Garten. Dieses Loblied nennt sich *Laudes*. Nach Laudes und Frühstück gehen Schwestern und Mönche – an Leib und Seele gestärkt – ihrem Tagwerk nach. Wer am Morgen ein Loblied singt, wird nicht mit krank machender Angst in den neuen Tag hineingehen, sondern mit Neugierde und Spannung, frei und selbstbewusst, und er wird die Herausforderungen des neuen Tages aufnehmen. Gerade im Vormittag liegt sehr viel Frische und Tatkraft: Wir sind noch voller Elan, erfinderisch, können etwas schaffen und Großes hervorbringen. In unserem Lebenslauf spiegelt der Vormittag unsere erste Lebenshälfte wider, in der wir nur so strotzen vor Saft und Kraft, um Neues zu wagen.

Mittag

Zu Mittag ist es oft zu heiß, um zu arbeiten, und wir schenken uns daher Zeit zur Muße, zum Innehalten, Zeit für Schule, wie wir weiter oben schon gesehen haben. Es ist der richtige Moment, eine erste große Bilanz zu ziehen, Rückschau zu halten und sich neu auszurichten. Auch zu Mittag sprechen und singen Mönche und Nonnen ihr Mittagsgebet und loben Gott. Die Mönche, besonders Evagrius Ponticus, warnen aber auch vor einer großen Gefahr in der Mittagszeit und der Lebensmitte. Denn in dieser Zeit der Hitze zeigt sich oft der Mittagsdämon *Acedia*. Dieser Geist lässt sich am besten mit »Trägheit« oder »Überdruss des Herzens und innere Beklemmung« übersetzen.
In der Lebensmitte spüren viele Männer und Frauen diesen Mittagsdämon Acedia. Die innere Lustlosigkeit treibt sie entweder in den Schlaf und berauschende Trunkenheit oder in eine endlose Betriebsamkeit. Beides führt letztlich zu Verzweiflung, Entmutigung, Verbitterung, Gleichgültigkeit und Flucht vor sich selbst. Eine lehrreiche Geschichte dazu steht im Buch der Könige:

Elija ging eine Tagesreise weit in die Wüste hinein. Dort setzte er sich unter einen Ginsterstrauch und wünschte sich den Tod. Er sagte: »Nun ist es genug, Herr. Nimm mein Leben; denn ich bin nicht besser als meine Väter.« Dann legte er sich unter den Ginsterstrauch und schlief ein. Doch ein Engel rührte ihn an und sprach: »Steh auf und iss!« Als er um sich blickte, sah er neben seinem Kopf Brot, das in glühender Asche gebacken war, und einen Krug mit Wasser. Er aß und trank und legte sich wieder hin. Doch der Engel des Herrn kam zum zweiten Mal, rührte ihn an und sprach: »Steh auf und iss! Sonst ist der Weg zu weit für dich.« Da stand er auf, aß und trank und wanderte, durch diese Speise gestärkt, vierzig Tage und Nächte bis zum Gottesberg Horeb.
Erstes Buch der Könige 19,4–8

Die meisten Menschen in der Lebensmitte kennen das wahrscheinlich: die Arbeit ist hart, lohnt sich nicht und weil sie kein Ende nehmen will, erleben wir uns als Sisyphus, der ständig von vorn beginnen muss. Wir denken, »alles« habe keinen Zweck; in der Beziehung klappt es auch nicht mehr so recht und obwohl wir alles ganz anders machen wollten, erkennen wir: Wir sind nicht besser als unsere Eltern. Zu allem Überdruss regnet es schon eine ganze Woche und die Schnecken haben den ganzen Salat zerfressen. Wir legen uns hin und wünschen uns den Tod, dass alles bald ein Ende hat. Wenn es uns so geht, dann hat uns der Mittagsdämon gepackt und ich glaube, auch der Prophet Elija wurde damals in der Wüste von Acedia gestreift.

In solchen Situationen brauchen wir keine Besserwisser: »Das ist nur so eine Phase, das geht vorbei!« Und schon gar nicht brauchen wir Moralisten: »Das hast du dir selbst eingebrockt! Das musst du wieder auslöffeln!«

Elija wird von einem Engel angerührt, der sagt: »Steh auf und iss!« Wenn zur Mittagszeit oder in der Lebensmitte der innere Dämon Acedia in unseren Garten kommt, dann brauchen wir – wie Elija – einen Engel, der uns frisches Brot und Wasser reicht. In meinem Leben habe ich die Erfahrung gemacht, dass die meisten Engel keine Flügel tragen. Die Engel, denen ich bisher begegnet bin, die mich angerührt haben, waren meist Menschen aus Fleisch und Blut, oder Gottes Engel schickte mir einen zwitschernden Spatz, der mich aus meiner Trägheit hervorlockte und eine unbändige Neugierde in mir weckte. So kann dir auch dein Garten zum Engel, zum Seelenfreund und hilfreichen Begleiter werden.

Der Garten deiner Seele macht sich in der Krise immer irgendwie bemerkbar. Er ist nicht zufrieden mit dem, wie du lebst und wie sich dein Leben entwickelt. So schickt dir dein Garten irgendwelche Schädlinge oder eine Pilzerkrankung, die dich unmissverständlich und wirkmächtig dazu drängen, mit deiner Seele wieder in Berührung zu kommen. Ich selbst durfte schon zum wiederholten Male erleben, dass mich eine neue Blüte, der Flug eines Vogels oder eine bestimmte Tätigkeit in meinem Garten so sehr anrührten, dass ich ins Grübeln und Nachdenken kam.

Die seelische Krise des Mittags und die Krise der Lebensmitte sind letztlich ein Geschenk. Sie löst dich von Bindungen, die dich unfrei machen, und sprengt die Ketten, die dich in Abhängigkeit von Anerkennung, Sex, Alkohol und ungesunder Spiritualität halten. Die Erfahrung der Krise führt dich in eine neue Hoffnung, birgt neue Visionen. Der Garten deiner Seele führt dich ins Weite, führt dich von der Oberfläche in die Tiefe; neue Bäche beginnen zu sprudeln und zu fließen und dein Leben wird spannend. Der Engel des Elijas reicht deiner Seele Brot und Wasser.

Brot und Wasser sind Lebensmittel, also Mittel, die wir zum Leben brauchen. Wenn uns ein Engel solch ein frisches, noch warmes, knuspriges Brot und das reine Wasser der Wahrheit reicht, dann können wir vierzig Tage und vierzig Nächte oder vierzig Jahre weiterwandern. Und wer weiß: Vielleicht sind auch wir auf dieser Wanderung manchmal für einen anderen Menschen ein Engel. Wir dürfen andere anrühren und sagen: »Steh auf und iss!«

Nachmittag

Der Nachmittag ist vielleicht noch heiß und wir arbeiten etwas ruhiger und gelassener als am Vormittag. Diese Zeit steht für die zweite Lebenshälfte und da müssen wir uns nicht mehr beweisen und irgendeinem neuen Erfolg hinterherrennen. Wir entdecken, dass Karriere keine Leiter, sondern vielmehr ein Hamsterrad ist. Wir genießen den Vorteil, dass wir der Arbeit unseren eigenen Stempel aufdrücken können. Unsere Lebenserfahrungen sind im Betrieb gefragt und wir bringen sie gern ein. So manches Mühevolle dürfen wir an Jüngere delegieren.

In der Partnerschaft sind wir gelassener und doch neugierig auf die Wandlungen und Veränderungen des jeweils anderen. Die Kinder sind meist schon Jugendliche und wir können das Erziehen nun endgültig lassen und eine gute Beziehung mit ihnen pflegen. Der Garten der Seele wird uns immer wichtiger und wir sind oft auf dem Weg nach innen.

Wenn sich dann später die Sonne am westlichen Horizont neigt und dem Untergang entgegengeht, kehrt abendliche Kühle in unseren Garten ein. Jeder Tag, jedes Leben hat ein Ende. Die Hauptarbeit ist getan und wir können es uns auf dem Liegestuhl bequem machen und zurücklehnen. Wir dürfen staunen über das, was war: über unsere zwischenmenschlichen Begegnungen und hervorragenden Leistungen. Im Licht der Abendsonne relativiert sich vieles im Leben und so manches, was vormittags ein Grund zum Ärgern war, ist nun ein Grund zum Schmunzeln. Aus meiner Position im Liegestuhl sehe ich das ganze Bild des Tages und es ist gut, wenn ich meinen Tag, so wie er war, annehme und loslasse.

ZUM AUSPROBIEREN:

Lass den heutigen Tag mit all seinen schönen und unschönen Ereignissen in deinen Garten einkehren und schau deinen Tag noch einmal an. Bewerte nicht, was falsch und was richtig gewesen ist. Ärgern bringt nur schlechte Träume und wenn du heute einen Fehler gemacht hast, dann nimm ihn an, denn er lässt sich nicht rückgängig machen. Ein neuer Tag bringt eine neue Chance.

Für einen ruhigen und erholsamen Schlaf lass Ärger und Sorgen einfach los. Auch dafür ist morgen, wenn du ausgeruht bist, die bessere Zeit. Für offene Fragen hat es sich bewährt, um einen klärenden Traum zu bitten.

Verabschiede dich vor dem Einschlafen von den Menschen, die dir lieb sind, aber auch von den Menschen, mit denen du »nicht kannst«. Schick ihnen allen gute Gedanken und Wünsche. Zieh dich für die Nacht in deinen inneren Raum zurück, in den Garten deiner Seele.

Wenn du dann eingeschlafen bist, ist die Schwelle zur Anderswelt wieder ganz niedrig und vielleicht rührt dich im Traum ein Engel in deinem Garten an. Ich wünsche es dir.

Vom richtigen Zeitpunkt

Es gibt viele Gärtnerinnen und Gärtner, die beim Säen, Pflanzen, Schneiden und Ernten auf günstige kosmische Einflüsse achten. So werden je drei Tierkreiszeichen den vier Elementen Wasser, Luft, Erde und Wärme bzw. den vier Pflanzenteilen Blatt, Blüte, Wurzel und Frucht zugeordnet. An Tagen mit dem Tierkreiszeichen Fisch, Krebs und Skorpion werden daher besonders stark wasserhaltige Blattpflanzen, zum Beispiel diverse Blattsalate, gesetzt und geerntet. Bei Wassermann, Zwilling und Waage gilt es, die Rosen und andere Blütenpflanzen zu pflegen. Stier, Jungfrau und Steinbock sind der Erde zugeordnet und eignen sich besonders für Pflanzen, die eine kräftige Wurzel bilden sollen, wie Möhre, Sellerie, Rote Beete oder Radieschen. Steinbock, Löwe und Schütze sind Wärmezeichen und gelten schließlich als Fruchttage. Alle Pflanzen, die ihre Frucht an der wärmenden Sonne bilden, werden zu diesen Zeiten gesät, geschnitten und geerntet, also Apfel, Birne, Kirsche, aber auch Erdbeeren, Himbeeren oder andere Beeren.

Zwischen dem Tierkreiszeichen und der jeweiligen Mondphase besteht zudem eine Wechselwirkung. Ob Neumond, Vollmond, zunehmender oder abnehmender Mond macht einen nicht unwesentlichen Unterschied. Dazu gibt es noch den aufsteigenden

und absteigenden Mond und eine Kombinationswirkung je nach Tierkreis. Der Rückschnitt bei Hecken sollte bei abnehmendem Mond, alternativ bei absteigendem Mond erfolgen und zwar von Zwilling bis Schütze, da an diesem Tag der Saft nicht austritt und die Pflanzen nicht verbluten. Obstbäume und Beerensträucher werden ebenfalls bei abnehmendem Mond ausgeschnitten, allerdings an den Fruchttagen Widder, Löwe, Schütze.

Ich selbst habe jahrelang genau auf diese Zeiten geachtet und damit schöne Erfolge erzielt. Obwohl ich schon hundemüde war, setzte ich Kartoffeln bis in die Dunkelheit hinein, weil eben ein Wurzeltag war. Nach und nach lehrten mich meine Kreuzschmerzen: »Was du heute nicht kannst besorgen, das verschiebe besser auf morgen!« Seither gehe ich in meinen Garten, wenn *meine* Zeit günstig ist, wenn ich also genügend Zeit und Muße habe. Natürlich werfe ich noch einen kurzen Blick auf den Mondkalender, doch er ist für mich kein Dogma mehr. So durfte ich feststellen, dass Kartoffeln auch an Blatttagen wunderbar gedeihen.

Ein professioneller Gärtner, der bei seiner täglichen Arbeit gar nicht auf die kosmischen Zeichen achten kann, sagte mir einmal: »Wichtiger als der richtige Zeitpunkt ist die richtige Pflanzung! Wenn du deine Pflanzen zum richtigen Zeitpunkt an den falschen Platz oder zu tief setzt, dann werden diese Pflanzen sicherlich weniger Ertrag bringen, als wenn du deine Pflanzen zum falschen Zeitpunkt an den richtigen Platz und in der richtigen Tiefe setzt!« Das klingt für mich durchaus logisch. Wenn ich meine Obstbäume ausschneiden muss und mein freier Nachmittag zufällig auf ein Löwezeichen fällt, dann ist das sehr gut. Fällt er aber auf Jungfrau oder Krebs, dann ist das auch gut und ich schneide die überschüssigen Äste mit Bedacht und vor allem genügend Muße aus.

Lausche besser der Stimme deines Herzens

Wie beim äußeren Garten so auch beim inneren … Dies gilt gerade auch beim richtigen Zeitpunkt und den kosmischen Einflüssen für Beziehungen und für die Seele. Man kann alles übertreiben. So soll es Leute geben, die einen Familienausflug nicht durchführen, nur weil der Mond ungünstig steht. Eine Skorpion-Frau lässt sich nicht auf einen Jungfrau-Mann ein, nur weil ihr Horoskopbuch solch einer Beziehung keine Chance gibt. Andere führen ihre konfliktlösenden Partnergespräche nur dann durch, wenn Mars in Opposition zur Sonne steht, und Familienkonferenzen werden sowieso nur dann anberaumt, wenn der Mond im siebten Haus steht.

Bei aller Sympathie für die Esoterik kann ich da nur sagen, dass wir uns nicht zu Knechten und Mägden der Sterne machen dürfen. Natürlich sollten wir nicht *gegen* die Natur, sondern stets *mit* der Natur und dem Kosmos leben. Aber die dogmatische Sterngläubigkeit tut den Menschen nicht gut – weder im biologischen Gartenbau noch in erfüllenden Beziehungsangelegenheiten.

Lausche besser der Stimme deines Herzens! Der richtige Zeitpunkt steht nicht am Himmel, nicht in den Wolken und schon gar nicht in einem Buch. Den richtigen Zeitpunkt findest du nur in dir selbst. Sowohl bei der Pflanzung als auch bei der Ernte in deinem Garten geht es weniger um die richtige Mondphase, als vielmehr um deine innere Haltung. Anstelle voll Hektik diese oder jene Gartenarbeit unter dem richtigen Sternzeichen zu verrichten, ist es besser, in aller Ruhe und voll Muße und Gelassenheit dieselbe Arbeit auszuführen. Manche Gärtnerin hat sich beim Rosenschneiden angewöhnt, ein modernes Kirchenlied zu summen, und ein anderer Gärtner singt in seinem Gemüsegarten ein altes Volkslied oder ein Lied aus den aktuellen Charts. Von den Hopi-Indianern in Arizona wird berichtet, dass sie bei der Mais-Pflanzung für eine reiche Ernte tanzen. So halte ich die rechte Gemütslage der Gärtnerin und des Gärtners für weit wichtiger als den rechten Zeitpunkt der Sterne.

Dasselbe gilt für den Garten der Seele und für den Garten der partnerschaftlichen und familiären Beziehungen. Weit wichtiger als der rechte Zeitpunkt von Sonne, Mond und Sterne ist das rechte Gefühl, die gelassene Stimmung des Seelengärtners und der Seelengärtnerin. Wichtiger als das *Wann* ist das *Wie.* Es ist besser bei zunehmendem Mond und in Ruhe Hecke zu schneiden, als gestresst bei abnehmendem Mond.

Um ein Vielfaches mehr gilt dies bei der Seelengärtnerei: Ein Gebet, die Beschäftigung mit sich selbst und dem inneren Garten, sollten wir nicht abhängig machen von der richtigen Konstellation der Gestirne. Muße und die richtige Haltung von Konzentration und Gelassenheit sind weit wichtiger. Beten heißt, sich eins zu fühlen mit der Kraft, die dem Grashalm durch den Asphalt hilft, und dies können wir bei Vollmond, Neumond, zunehmendem und abnehmendem Mond.

Gleichwohl gilt, dass wir uns neben dem richtigen Zeitpunkt des inneren und äußeren Gartens durchaus mit den vier Elementen der Natur – mit Erde, Wasser, Feuer und Luft – beschäftigen dürfen:

Erde, Wasser, Feuer und Luft –
Die vier Elemente im Garten

Die gesamte Schöpfung besteht aus den vier Elementen Erde, Wasser, Feuer und Luft. In manchen Kulturen, wie z.B. bei den Chinesen, sind fünf Elemente bekannt. Wenn wir in Europa vom fünften Element sprechen, dann meinen wir damit meist die Liebe, die die anderen vier Elemente magisch zusammenhält.

Unser Garten besteht vor allem aus *Erde,* auf der wir stehen oder gehen und unsere Gartenarbeit verrichtet. Die Erde gibt uns Halt und durch ihre Anziehungskraft müssen wir auch nicht fürchten, von ihr herunterzufallen. Auf und in der Erde leben Milliarden kleinerer und größerer Tiere und Abertausend Pflanzen in unterschiedlichen Größen und Farben. Sie haben sich fest in ihr verwurzelt und dort Heimat gefunden. Stirbt eine Pflanze, ein Tier oder ein Mensch und fällt zur Erde, so verwandelt er sich, und übers Jahr oder über mehrere Jahre vereinigt er sich mit ihr und wird selbst zu fruchtbarer Erde.

Das Element *Wasser* gilt als Symbol des Lebens schlechthin. Vor der Schöpfung schwebte Gottes Geistin über die Urwasser, wie es im Buch Genesis heißt. Wir selbst schwammen als Embryo im Urwasser in der Fruchtblase unserer Mutter. »Im Anfang war das Wasser«, bestätigt heute auch die Naturwissenschaft, und durch die Adern von Mensch, Tier und Pflanzen strömt unablässig Leben spendendes Wasser. An heißen Tagen gießt der Gärtner und die Gärtnerin ihre Pflanzen mit dem kostbaren Nass oder sie staunen über das vielseitige Leben am Teich in ihrem Garten.

Das Element *Feuer* ist ebenso lebensnotwendig. Als Sonne am Himmel schenkt uns das Feuer Wärme und Licht und im Erdinneren wirkt es, damit die Erde ihre Umlaufbahn nicht verlässt. Es gibt auch ein »Feuer« in der Brust eines jeden Menschen, eine heilige Kraft, die uns antreibt, damit die Welt nicht erkaltet und verhärtet. An Sommerabenden oder zu bestimmten Festen des Jahreskreises entfacht der Gärtner ein Feuer in seinem Garten: zum Grillen oder weil es einfach schön ist, in die Flammen zu schauen oder dem Knistern des Feuers zu lauschen.

Das Element *Luft* ist lebensnotwendig wegen des Sauerstoffs, den wir und die Tiere atmen. Unsere verbrauchte Luft brauchen die Pflanzen für ihr Leben, und *sie* wandeln es erneut in Sauerstoff. Daran erkennen wir, dass alles, was ist und was lebt, eins ist, dass alles miteinander verbunden und wechselseitig voneinander abhängig ist. Die Luft selbst sehen wir nicht, doch wir sehen, wenn der Wind über unsere Pflanzen und durch unser Haar weht, und hören das Rauschen der Blätter an den Bäumen. In der Luft ist Musik, ist Melodie und sie bringt uns zum Tanzen.

Der Humus

Wenn der Gärtner von Erde spricht, meint er meist den kostbaren Humus. Deshalb sammelt die weise Gärtnerin die vielen Grünabfälle und wirft sie auf den Komposthaufen in einer Ecke ihres Gartens. Kompost kommt vom lateinischen componere, zusammenwerfen, und hat mit *Komposition* zu tun. Myriaden von Kleinstlebewesen und Mikroorganismen bauen die Stoffe ab und um, sie ergeben eine Art Symphonie und verwandeln über das Jahr Blattwerk, Stängel und verwelkte Blüten in fruchtbaren Humus. Größere Äste wird der Gärtner vorher noch häckseln und je nach Bodenart setzt er dem Kompost noch Gesteinsmehl und Kalk hinzu. Ebenso braucht ein guter Kompost für die Rotte genügend Feuchtigkeit und auch Sauerstoff. Daher wird der Behälter luftdurchlässig sein und der Gärtner wird den Haufen von Zeit zu Zeit in den Nachbarbehälter umsetzen. Es ist also gut, wenn wir im Garten nicht *einen* Komposthaufen, sondern besser gleich *zwei* oder *drei* haben: einen mit frischem Kompost, einen mit halb verrottetem Kompost und einen mit verrotteter und fruchtbarer Erde.

Des Menschen Mist ist Dung

Wie im Garten, so kommt auch im Leben eines Menschen recht viel Mist zusammen. Wir machen Fehler, verletzen uns und andere unnötigerweise, sind aufbrausend, in manchen Bereichen unzulänglich und geben unsere Fehler allzu oft viel zu spät zu. Hilfreich mag hier ein Gedanke des Dominikaners Johannes Tauler (1300–1361) sein:

> *Das Pferd macht den Mist im Stalle und obgleich der Mist einen Unflat und Stank an sich hat, so zieht dasselbe Pferd doch den Mist mit großer Mühe auf das Feld und dann wächst daraus edler, schöner Weizen und der edle, süße Wein, der nimmer so wüchse, wäre der Mist nicht da.*
> *Also trage deinen Mist – das sind deine eigenen Gebrechen, die du nicht abtun und ablegen noch überwinden kannst – mit Müh und mit Fleiß auf den Acker des liebreichen Willens Gottes in rechter Gelassenheit deiner selbst.*[18]

So sollen wir den Mist, die Fehler und Gebrechen, die wir unweigerlich im Leben produzieren, in unserem Garten wieder ausstreuen. Allerdings, das weiß jeder Gärtner und jede Gärtnerin, darf der Mist nicht zu frisch sein, denn frischer Mist verbrennt die Wurzeln. So wie die Grünabfälle auf dem Komposthaufen langsam verrotten, so brauchen auch unsere Fehler und Sünden eine gewisse Zeit des Reifens und Verwandelns.

Und wie unser Kompost Sauerstoff braucht, so brauchen auch unsere Unzulänglichkeiten Sauerstoff. Mehrmals müssen wir den Mist, den wir gebaut haben, an der frischen Luft wenden und bei Tageslicht mit Respekt besehen. Gäben wir ihn einfach nur in unseren Keller, dann würde er nur dahinfaulen, wie die sprichwörtliche Leiche im Keller.

Ebenso brauchen unsere Fehler – wie der Komposthaufen auch – eine gute Portion Feuchtigkeit. Hier freut es mich ganz besonders, dass die alten Lateiner zu Feuchtigkeit »humor« sagten. Unsere Fehler und Unzulänglichkeiten sind nämlich leichter zu ertragen, wenn wir darüber lachen können. Dazu braucht es allerdings auch wieder Zeit. »Frisch gemachte« Fehler sind in der Regel absolut nicht zum Lachen, und das ist auch gut so.

Der Humor wandelt unsere Sünden in Humus, der Fruchtbarkeit bringt, wenn wir ihn im Garten der Seele verteilen. Ich habe schon darauf hingewiesen, dass Humor und Humus dem Wortursprung nach verwandt sind. Ebenso verwandt ist das Wort »human«, was »menschlich« bedeutet. Unsere Fehler und unsere Unvollkommenheit machen uns also menschlich. Gleichfalls verwandt ist das Wörtchen »humil«, also »Demut«. Unsere Sünden und Fehler machen uns demütig uns selbst und auch anderen fehlerhaften Menschen gegenüber.

Der Heilige Geist
ist ein Regenwurm,
der umgräbt
den Acker meines Herzens.

Schon in grauer Vorzeit fragten sich die Menschen der unterschiedlichsten Völker, warum sie so fehlerhaft seien, warum sie oftmals das Gute wollen und trotzdem das Böse tun. So erfanden sie deutende Mythen von der Schlange im Paradies oder vom ungehorsamen Engel Luzifer. Im Exil in Babylon lernte das Volk Israel die Religion des Zoroasters (Zarathustra) kennen, die mit ihrem dualistischen Denken die Welt spaltete in ein Reich des Lichts und ein Reich der Finsternis. Demnach schuf nicht Gott diese Erde mit all ihren wunderschönen und ertragreichen Gärten, sondern ein Demiurg, ein böser Geist, schuf alles Materielle und alles verführerische Fleischliche. Dieses schöpfungs- und leibfeindliche Denken war jedoch den Juden vollkommen fremd. Zur Klarstellung legte der zweite Jesaja seinem Gott dieses Wort in den Mund:

Ich bin Gott und außer mir ist keiner.
Ich mache das Licht und ich schaffe die Finsternis.
Ich bewirke das Heil und erschaffe das Unheil.
Ich bin Gott, der alles vollbringt.
Jesaja 46,6–7

Gott ist unteilbar

Die Einheit Gottes ist im Judentum zentral. Gott ist unteilbar. Alles schafft Göttin Gott, selbst das, was uns Menschlein sinnlos, fehlerhaft und unvollkommen erscheint. Jesus war in diesem Verständnis aufgewachsen und lehrte allerorts diese Einheit Gottes. Jesus und viele andere Mystiker vor und nach ihm spürten intuitiv, dass es Dinge gibt, die für uns Menschen zu groß sind: Schmerz, Einsamkeit und Tod, aber auch Schönheit, Erhabenheit und Glück. Daher brauchen wir Religion. Religion bedeutet: (wieder) Verbundenheit.

Ziel jeder Religion ist es, sich selbst mit dem Ursprung und der Urkraft aller Dinge, aller Wesen und Ordnungen zu verbinden. Diesen Ursprung und diese Urkraft nennen wir Gott oder Göttin. Göttin Gott bleibt für immer unteilbar, auch wenn wir das niemals ganz fassen können. Nikolaus von Kues (1401–1464), Philosoph und Kardinal, sagte einmal: »Gott beginnt dort, wo die Gegensätze ineinanderfallen.«

Gott ist im mystischen Denken ein lichtes und ein schattenhaftes Geheimnis. Gott ist Fülle und Nichts, bewirkt das Heil und erschafft das Unheil. Gott schafft unseren Garten und die gesamte Mutter Erde. Göttin Gott schafft die menschlichen Leiber mit ihrer Lust und ihrer Sexualität. Freuden und Schmerzen kommen letztlich von diesem letzten Sinn- und Daseinsgrund. So schreibt auch Johann Wolfgang von Goethe:

Alles geben die Götter, die unendlichen,
ihren Lieblingen ganz:
Alle Freuden, die unendlichen,
Alle Schmerzen, die unendlichen, ganz.[19]

Als Gärtnerinnen und Gärtner erleben wir diese Freuden, die unendlichen, und die Schmerzen, die unendlichen, ganz. Wir arbeiten mit der Schöpfung, die uns immer Freude und Leid gleichzeitig beschert, eng vertraut und in tiefer Verbundenheit mit ihr. Tag für Tag, durch alle Jahreszeiten und bei Sonne, Wind und Wetter erleben wir hautnah, dass nichts, was wachsen und reifen will, perfekt und vollkommen ist. Ja, Perfektion und Vollkommenheit schließen jegliches Wachsen und Reifen geradezu aus, denn Perfektes hat gar kein Bedürfnis zu Wandlung und Veränderung. Ein Ding mag vielleicht einmal perfekt sein, doch ein Lebewesen niemals.

Trotzdem oder gerade deswegen dürfen und sollen wir uns mit unserem Garten und der gesamten Schöpfung vertraut machen und sie lieben und gut behandeln. Und in gleicher Weise sollen wir auch mit uns selbst, unseren Fehlern, unseren Unvollkommenheiten, unseren Unzulänglichkeiten und Sünden umgehen. Der Komposthaufen in unserem Garten ist für mich ein sehr treffendes Bild von dieser liebevollen Wandlung von unserem Mist zu guter Erde.

ZUM AUSPROBIEREN:

Für diese Übung gehst du am besten zu deinem Komposthaufen in deinem wirklichen Garten, und zwar zum Verrotteten oder Halbverrotteten. Grabe mit der Mistgabel etwas herum und drehe die Erde. Was vermutlich zum Vorschein kommt, sind Regenwürmer, Asseln und anderes kleines Getier. Dies sind die hilfreichen Helfer in unserem Garten. Setze dich vor den Kompost und schau dem Kriechen und Krabbeln eine Zeit lang zu.

Besinne dich nun auf deinen inneren Garten, deinen inneren Komposthaufen:

Welche Fehler verrotten auf deinem Kompost?

Hat dein Mist genügend Sauerstoff?
Haben deine Unzulänglichkeiten genügend Feuchtigkeit?
Kannst du über deine Sünden schon lachen?
Über welche Fehler kannst du (noch) nicht lachen?
Wer sind deine tierischen Helfer – Würmer, Käfer, Asseln?

Das Wasser des Lebens

In vielen naturnahen Gärten legen heute Gärtner und Gärtnerinnen kleinere oder größere Gartenteiche an und pflanzen dort Wildpflanzen. Oder es windet und schlängelt sich ein fröhlich plätscherndes oder leise murmelndes Bächlein durch die Gartenanlage. Ob weißes, echtes Mädesüß, gelbe Sumpfwolfsmilch, rosa Baldrian, purpurner Blutweiderich und grüner Rohrkolben am Teichrand, oder weiße Seerose und Froschlöffel, gelbe Sumpfdotterblume, purpurner Wasserknöterich oder Schwertlilie im Wasser: Neben, über und unter der Wasseroberfläche ballt sich pralles Leben in einer Fülle faszinierender Arten von Lebewesen. Auch fliegende, kriechende und auf dem Wasser gehende Insekten, Frösche und Lurche oder andere Reptilien und Fische leben an und im Gewässer. Manchmal landet auch ein Entenpaar im Gartenteich und turtelt verliebt in den Frühling.

Wenn der Garten für Teich und Bach zu klein ist, dann schlägt der Gärtner vielleicht einen Brunnen oder installiert mittels kleiner Pumpe einen kurzen Wasserkreislauf, damit er an das kostbare Nass kommt.

Wasser ist Leben! Wasser drückt Leben in ganz besonderer Weise aus: Wasser ist die Quelle des Lebens schlechthin. Wasser hat viele Gesichter und Gestalten. Einmal erleben wir Wasser als Regen oder Quelle, Bach, Fluss, Strom, See oder Meer. Ein andermal erscheint Wasser als Dampf, Nebel, Wolke, als Schnee und Eis, oder es liegt als Morgentau auf unserem Rasen. Nicht nur der Mensch besteht zu einem hohen Prozentsatz aus Wasser, es fließt auch durch die Adern von Tieren und Pflanzen. Wasser ist durchsichtig. Der See und das Meer erscheinen uns blau oder grün von den Pflanzen am Ufer oder grau und braun von aufgewühltem Sand oder Schlamm.

147

Wasser ist Wandlung

Wasser hat keine eigene Farbe und keine bleibende Gestalt. Durch seine Wandlungsfähigkeit ist es Urkraft und Grundelement allen Lebens. Wasser belebt mich nicht nur innen und bewahrt mich vor dem Vertrocknen, wenn ich davon trinke, sondern es reinigt und wandelt mich auch außen, wenn ich mich wasche. Damit Leib und Seele nicht erstarren und verkümmern, brauchen wir Wasser.

Es erstaunt daher nicht, dass alle Religionen dieser Welt Wasser in besonderer Weise ehren und bei heilsamen Ritualen in besonderer Weise einsetzen. In Psalm 1 heißt es:

Wohl dem Mann, der ... Freude hat an der Weisung des Herrn.
... Er ist wie ein Baum, der an Wasserbächen gepflanzt ist.

Oder beim Bild vom Guten Hirten in Psalm 23 heißt es:

Er lässt mich lagern auf grünenden Auen
und führt mich zum Ruheplatz am Wasser.

Und als Jesus an einem Brunnen eine Frau aus Samaria trifft, sagt er zu ihr:

Wer von dem Wasser,

das ich ihm gebe,

trinken wird,

den wird in Ewigkeit nicht dürsten,

vielmehr wird das Wasser,

das ich ihm gebe,

in ihm zu einer Quelle jenes Wassers werden,

das in das ewige Leben mündet.

Johannes 4,13.14

Wasser des Lebens ist die Quelle aus dem Inneren. Das Wort »Seele« stammt ursprünglich vom Wort »See« ab. Ein Gartenteich, das Wasser des kleinen Sees, lässt die Seele zur Ruhe kommen.

Der See in unserem inneren Garten steht somit für die in uns ruhenden Anlagen, für die inneren Ressourcen. »La ressource« ist französisch und bedeutet schlicht: »Quelle«. Aus dieser inneren Quelle schöpfen wir, finden in ihr Heilung und belebende Energie, um unser Leben zu bestehen. Der Teich im eigenen Garten wird so zu einem beliebten Ort für wohlverdiente Mußestunden. Der Kirchenvater Augustinus sagte einmal: »Ruhelos ist meine Seele, bis sie ruht, oh Gott, in dir.«

ZUM AUSPROBIEREN:

Setze dich an deinen Gartenteich, Bach oder Brunnen und lausche dem Schweigen oder leisen Murmeln des Wassers. Mystik meint eigentlich »Augen und Mund verschließen«. Schließe daher Augen und Mund und werde ganz Ohr. Durch das Ohr sei Jesus in Mariens Leib gekommen, schreibt Ephraim der Syrer (306–373). Schweigen und Hören macht lebendig. Ein jüdischer Rabbi sagte einmal, das erste Gebot sei nicht »Du sollst an einen Gott glauben«, sondern: »Höre!«

Im Schweigen komme ich mit meiner Seele in Berührung, neue Ideen tauchen aus mir auf, die mein Denken und Handeln befruchten. Von

Sören Kierkegaard ist der schöne Satz überliefert: »Bade deine Seele im Schweigen!«

Wandere daher mit deinen inneren Bildern immer wieder in den Garten deiner Seele und besuche den kleinen See und die kostbare Quelle in dir. Sie sind deine wichtigste Ressource, dein heiliger Kraftort. Bade deine Seele in diesem »See Gottes«. Das Bad im Schweigen ist innerliche Reinigung, köstliche Erfrischung und Erquickung. Deine Seele kommt zur Ruhe und wird rein, wie die eines Kindes.

Feuer im Garten

Ein schöner Sommerabend. Die Kinder sind bereits im Bett und meine Frau und ich sitzen mit ein paar Freunden nach einem feinen Abendessen noch bei einer Flasche Rotwein im Rosengarten. In der Feuerschale neben uns knistern und flackern muntere Flammen aus ein paar Scheiten Buchenholz und erfreuen unsere Herzen und Seelen. Alte Erinnerungen werden ausgetauscht, es wird gelacht, gesungen und philosophiert bis spät in die Nacht. Und wenn die Gäste dann irgendwann gegangen sind, ist da immer noch die orange-rote Glut, die die Dunkelheit erhellt, mich anzieht und mich wachen lässt, bis die Nacht die Feuerschale verschluckt.

Mag sein, dass nicht jeder Gärtner solch einen romantischen Sommerabend braucht, doch das Feuer der Sonne ist für uns alle so lebensnotwendig wie Erde, Wasser und Luft. Ohne dieses »Feuer am Himmel« gibt es kein Licht des Tages, keine Wärme und kein Wachsen und Gedeihen unserer Pflanzen. Auch im Erdinneren ist das Feuer notwendig für unser aller Überleben.

Feuer verbindet Menschen, wenn sie um das Lagerfeuer sitzen, singen und Geschichten erzählen oder beim Schein einer Kerze, sei es am Adventskranz, bei einer Taufe oder am Totenbett, feiern und beten.

Gottes heilige Glut

Seit alters her gibt es die Vorstellung, dass auch in uns Menschen selbst ein heiliges Feuer brennt. Man spricht vom »Seelenfünklein«, das niemals erlischt, oder vom Feuer des Heiligen Geistes, das in uns auflodert und brennt. So schreibt schon Johann Wolfgang von Goethe:

Ich glaube, dass wir einen Funken jenes Lichts in uns tragen, das im Grunde des Seins leuchten muss und welches unsere schwachen Sinne nur von ferne ahnen können. Diesen Funken in uns zur Flamme werden zu lassen und das Göttliche in uns zu verwirklichen, ist unsere höchste Pflicht.[20]

Gott erfahren wir nicht nur als Person im Vater, sondern auch als heilsamen Geist, als Feuer und als kreative Kraft in uns; als bewegende Lebendigkeit, die uns antreibt, motiviert und animiert, das Antlitz der Erde zu erneuern, zu heilen und Mensch und Schöpfung zu wandeln und zu versöhnen. So sagt Jesus zu Nikodemus in nächtlicher Stunde am Feuer:

Wenn du nicht neu geboren wirst aus dem Wasser und dem Geist, so kannst du nicht ins Reich Gottes kommen.
Johannes 3,5

152

Als das »Überschneidungsgebiet zwischen Gott und Mensch« bezeichnet der evangelische Theologe Jörg Zink den Geist Gottes. Bilder von Gottes Geist sind immer Bilder von Gott und dem Menschen zugleich. Ob dies nun das Bild vom Wind ist, der weht, wo er will, oder das Bild von der Taube, die herabschwebt, oder das Bild von Gottes Geist, der zu Pfingsten in Feuerzungen in die versammelte und verängstigte Gemeinschaft hineinfährt und den Jüngern und Jüngerinnen Kraft und Mut spendet: Wind, Taube und Feuer sind nicht nur ein Bild für Gottes Geist, sondern auch ein Bild des Menschen, der von Gottes Geist und Wirkkraft entzündet ist.

Feuer auf die Erde werfen

Es gibt Zeiten, da brennt dieses innere Feuer nur leise vor sich hin und es droht schon auszugehen: Alles ist Alltag und Routine, fast schon ein bisschen langweilig. Ein andermal lodert dieses Feuer in uns auf zu einem mächtigen Feuerherd. Wir sind voller Elan, begeistert von einer Sache und motiviert, uns für etwas einzusetzen. Die heilige Glut in uns, Gottes Geist in uns, kann niemals ganz ausgehen und erlöschen, doch die Gefahr ist, dass wir sie auf »Sparflamme« halten. Von Jesus stammt daher auch der etwas verwirrende Satz:

Ich bin gekommen, um Feuer auf die Erde zu werfen.
Ich wäre froh, es würde schon brennen!
Lukas 12,49

Jesus, so geht es aus zahlreichen Texten in den Evangelien hervor, war ein sehr geduldiger Mensch, vor allem mit Armen, Schwachen, Kranken und Sündern. Doch bei den Reichen und Bessergestellten ging ihm die Umwandlung zu einer gerechten Solidargemeinschaft offenbar zu langsam. Ich stelle mir vor, dass er diesen Satz vom »Feuer-auf-die-Erde-Werfen« in einem Moment der Ungeduld, vielleicht sogar des Zorns, sprach. Die Gebildeten sagten vielleicht: »Da kann man doch eh nichts machen! So ist es eben!«, und die Traditionalisten sagten: »Das mit Reich und Arm war doch schon immer so!«

»Ich bin gekommen, um das Feuer der Begeisterung in den Erdling zu werfen! Ich wäre froh, der Mensch würde schon brennen vor Leidenschaft und Mitgefühl!« Dieses Feuer Gottes, diese Glut der Liebe, brennt in jedem Menschen, doch manchmal einfach zu lasch. Unser Gottes-Feuer sollen wir daher einsetzen zum Wohle der Gemeinschaft, in der wir leben, damit die Welt nicht erkaltet und verhärtet.

ZUM AUSPROBIEREN:
Gottes Geist ist Feuer, ist heilige Glut!
Sich auf sein inneres Feuer zu besinnen,
ist die beste Vorbeugung gegen Burn-out,
gegen das »Ausgebrannt-Sein«.
Geistliches Leben heißt, das innere Feuer zu hüten,
die Flamme der Liebe immer wieder zu entfachen
und den Heiligen Geist als Glut in sich selbst zu bewahren.
Hilfreich kann dabei folgende Gebärde sein:

Stelle dich an einen guten Platz in deinem Garten.
Lege die Hände leicht überkreuzt auf deine Brust
und stell dir vor, dass das Feuer Gottes in dir brennt
und dich mit göttlicher Liebe durchdringt.
Spüre die Wärme deiner Hände
und spüre die Wärme in deiner Brust.

Neben dem »Feuer auf Sparflamme« besteht noch eine zweite Gefahr. Unser inneres Feuer kann, einmal entfacht, auch zu einem Flächenbrand werden, der uns selbst und andere verbrennt. Dies kann geschehen, wenn wir einer Sache voller Begeisterung hinterherrennen und das kritische Denken ganz vergessen. Vom deutschen Liedermacher Konstantin Wecker stammt der Satz: »Mitlaufen ohne Denken kann nicht gut sein, auch nicht für eine gute Sache!«

Wir müssen daher unser Feuer hüten, zähmen und es im Zaum halten. Wir müssen ihm eine »Gerte«, eine Grenze, setzen. Mithilfe unseres kühlenden Verstandes können wir einen zerstörerischen Flächenbrand in unserem Seelengarten verhindern. Zu oft schon wurden die Erde und ihre Menschen verbrannt in »heiligen Kreuzzügen«, bei Hexenprozessen oder in Auschwitz, Theresienstadt und Mauthausen. Und auch heute noch werden im übertragenen Sinn Hexen verbrannt, weil sie den Asylantrag nicht richtig ausgefüllt haben oder ein Kopftuch tragen. Rassismus ist solch ein ungezähmtes Feuer. Rassismus ist unvereinbar mit dem jüdischen, christlichen und islamischen Glauben, denn wir alle sind Nachkommen von Adam, dem Erdling, sind Schwestern und Brüder aus ein und derselben Erde und aus ein und demselben Feuer und Atem Gottes.

Die ganze Schöpfung ist Tanz

Luft, wenn sie stillsteht, können wir nicht erfahren, auch wenn wir stets von ihr umgeben sind und sie zum Leben brauchen. Erst »bewegte Luft« in Form von Wind wird erfahr- und erlebbar: Da wird der Duft von Rosen an unsere Nase herangetragen, wir hören das leise Rauschen der Blätter an den Bäumen, wir spüren ein Streicheln auf unserer Haut oder wir sehen die Blumen fröhlich tanzen.

Gottes Geistin wird in der Bibel nicht nur als inneres Feuer beschrieben, sondern auch als Wind, von dem keiner weiß, woher er kommt und wohin er geht. Wenn sich also die Pflanzen in deinem Garten bewegen, im Wind tanzen, so tanzt Göttin Gott höchstpersönlich in deinem Garten. Von Friedrich Nietzsche (1844–1900) stammt folgendes Zitat:

Wenn diese Christen von mir verlangen, ich solle an ihren Gott glauben, dann müssen sie sich etwas Besseres einfallen lassen; dann müssen sie mehr wie Leute aussehen, die gerettet worden sind; in ihren Gesichtern müsste man die Freude der Seligen erkennen können. Ich glaube nur an einen Gott, der tanzt.[21]

Göttin Gott ist eine Tänzerin

Göttin Gott ist eine Tänzerin und ihre ganze Schöpfung tanzt mit ihr. Sonne, Mond und Sterne tanzen unaufhörlich im lebendigen Kosmos und erzeugen dabei eine sphärische Musik. Gott macht den Adam aus adamah, aus Erde, und haucht ihm sodann göttlichen Atem ein. Bei jedem Ein- und Ausatmen atmet somit Gott in uns und erzeugt dabei einen sanften Wind. Jeder Atemzug ist Bewegung, ist Schwingung und bringt einen leisen Ton, sanfte, göttliche Musik hervor. Der Raum, in dem ich atme, nimmt diese meine Schwingung auf und trägt sie weiter an das Ohr eines anderen Menschen oder an das eines Tieres und an eine Pflanze. Umgekehrt ist mein ganzer Körper in jedem Augenblick durchtönt von den Schwingungen anderer.

Diese Schwingungen können heilsam sein, aber auch verletzen, können uns begeistern oder langweilen, können uns wach machen oder auch trunken. Die Schwingung eines Holzhauses hat eine andere Wirkung als ein Stahlbetonhaus. Angeblich geben Kühe bei Musik mehr Milch als ohne, und Pflanzen treiben in kräftigeren Farben aus, wenn wir mit ihnen reden.

Die Bibel fordert uns immer wieder auf, zu singen und zu tanzen. »Singt dem Herrn und lobt ihn, Halleluja, lobt ihn.« Wenn wir durch unseren schönen Garten gehen, dann dürfen, ja sollen wir dabei nicht nur reden, sondern auch das scheinbar ganz und gar Nutzlose tun: singen und tanzen. So schreibt der Kirchenlehrer Augustinus:

Ich lobe den Tanz.
O, Mensch, lerne tanzen,
sonst wissen die Engel im Himmel mit dir
nichts anzufangen.

Jeder Ort ist heiliger Boden, auch dein Garten. Und jede Zeit ist heilige Zeit. Gerade jetzt, in diesem Moment, wenn du hier sitzt und dieses Buch liest: Hier und jetzt ist heiliger Ort und heilige Zeit. Der gesamte Kosmos besteht in einem Tanz, ist eine heilige Ordnung. Der Naturphilosoph und Theologe Johannes Kepler (1571–1630) sprach von der

»harmonia mundi«, von der Welt voll Musik. Aus den Wolken, aus deinem Garten und aus dir selbst klingt stets Musik, heilige, schwingende, belebende Musik. Lass dich ergreifen von diesem göttlichen Rhythmus der Schöpfung und tanze mit!

Annehmen, Loslassen, Einswerden und Neuwerden

Wenn wir tanzen, dann nehmen wir die Wirklichkeit an, wie sie ist, und lassen sie gleich wieder los; wir werden eins mit der Musik oder unserem Tanzpartner und wir werden so ganz neu. *Annehmen, Loslassen, Einswerden* und *Neuwerden* ist der Tanz des Lebens, der Inbegriff von Wandlung. Tanz ist Wandlung, weil sich Chaos und Ordnung immer wieder abwechseln. Chaos ist wichtig, bringt Leben in die gute Stube des Selbst und den gepflegten Garten der Seele. Nochmals Friedrich Nietzsche: »Man muss noch etwas Chaos in sich haben, um einen tanzenden Stern zu gebären.« Doch Chaos beunruhigt auch, verwirrt und lässt unnötige Kämpfe entstehen. Der Rhythmus des Tanzes, die heilige Melodie eines Musikstückes führt daher stets vom Chaos zur Ordnung und vom Durcheinander zur Struktur. Gleichzeitig gilt auch: Wer beim Tanzen ständig die Schritte mitzählt, wirkt langweilig und lustlos. Daher werden der geübte Tänzer und die fröhliche Tänzerin sich immer wieder abheben von zu viel Struktur und kreativ Neues, Chaotisches und Offenes in den Reigen einbringen. Erst im Gleichgewicht von Konzentration und Gelassenheit wird der Tanz des Lebens zu Lust und Ewigkeit.
Die sensibel gewordenen Naturwissenschaftler bestätigen heute, was Mystiker und Mystikerinnen aller Zeiten schon erklärten: »Was die Welt im Innersten zusammenhält, besteht alles aus Klang, aus Chaos und Ordnung.« In den Elementen der Natur tritt beides auf und wir ahnen vielleicht etwas von Gottes Präsenz in uns und unserem Garten; von der Kraft und Tiefe, von der Freude und dem Schrecken. Schönheit und Zerstörung, Erhabenheit und Angst, Schaffenskraft und Sterben, Sinnlichkeit und Härte – all dem begegnen wir in unserem inneren und äußeren Garten.
Im Wind erleben wir: Alles atmet. Es atmet in uns und wir werden geatmet. Unser Atem fließt mit dem Wind zusammen in Gottes Atem. Wir sind in Gott und Gott ist in uns. Das ist es – da sind sich alle Mystiker und Mystikerinnen einig –, worauf es letztlich ankommt, dass wir in Gott sind und Gott in uns. Es geht um die Gottesgeburt im Men-

schen. Und noch einmal Angelus Silesius: »Wäre Gott tausendmal in Betlehem geboren, aber nicht in dir, so wäre alles umsonst!«

Deine Seele, der Garten in deiner Seele, ist der Ort, wo Göttin Gott heute geboren werden möchte. Göttin Gott hat Lust, in deinem Garten zu tanzen und ihr Zelt aufzuschlagen.

Ein Zelt für Gott

Im Glaubensbekenntnis beten wir zu Gott, dem Schöpfer des Himmels und der Erde. Doch in der Tradition der Kirchen wurde Gott oft einseitig allein als »Herr des Himmels« besungen. »Gott in der Höh' sei Preis und Ehr' …«, singen wir in einem alten Kirchenlied. Von einem »Gott der Erde«, einem »Gott in dir« oder gar einem »Gott in jedem Tier, jeder Pflanze und jedem Stein« ist in vielen Kirchen erst in heutiger Zeit wieder die Rede. In der Bibel jedoch und bei den Mystikern heißt es schon immer, dass die gesamte Schöpfung bis in die letzte Faser durchdrungen ist von Gottes Geist und Weisheit, dass wir Gott in *allen Dingen* suchen und finden können.

Am Anfang war die Erde eine Scheibe und Sonne, Mond, Sterne und die Planeten drehten sich um sie. Das dachten die Menschen damals zumindest. Für sie war die Erde von und mit Fruchtbarkeits-, Mutter- und Schicksalsgöttinnen belebt. Diese Göttinnen gaben ihre Weisheit und ihren Segen in den ganz alltäglichen und praktischen Lebensbelangen an die Menschen weiter. Ja, »Gaia«, die Erde selbst, war die Mutter, war ein lebendiges, weibliches Wesen. Alles, was auf Gaia dem Himmel entgegenwuchs, war männlich. Die männlichen Götter waren oftmals weit weg, herrschten im Himmel als Sonne, Jupiter, Saturn oder Merkur. Der gesamte Kosmos war lebendig und mit Göttern und Göttinnen bewohnt. Zehntausende von Jahren lang war das so.

Mit der Entwicklung von Städten wuchs der Einfluss der männlichen Götter immer mehr und vor ca. 4000 Jahren setzte sich in Israel und Ägypten der Glaube an einen Gott durch. Damit kam das Ende der Muttergottheiten. Dem einen, alleinigen, männlichen Gott blieb als sein heiliger Ort nur der Himmel übrig und von seinem Thron aus schaut er seither auf die Erde herab und führt seine »Regierungsgeschäfte«. Mit dieser Gottesvorstellung ging ein patriarchales Denken einher, das besagt, dass der Mann oben steht und die Frau tief unter ihm. Auch entwickelten sich Herrschaftssysteme, in denen adelige Könige und Fürsten oben thronten – meist von Gottes Gnaden auserwählt – und das kleine Volk unten hatte zu buckeln und zu gehorchen.

Obwohl der Gott der Bibel als großer Gärtner auf der Erde arbeitete, sich bei einem Sklavenaufstand in Ägypten sozialrevolutionär engagierte und den Asylanten in Babylon treu zur Seite stand, und obwohl Jesus als Sohn Gottes erdhafte Gestalt annahm, Flüchtling war und sich für Frieden und soziale Gerechtigkeit einsetzte, erhoben Kirchen, Kaiser und Könige Gott in die Höhe des Himmels, anstatt ihn in den Tiefen der Erde zu verwurzeln. Und so manche konservative »law and order«-Partei versucht dies noch heute.

Frauen und Männer, die den Mut hatten, vom *dunklen Gott in der Tiefe*, vom *Gott der*

Erde oder dem *Schatten Gottes* zu reden, wurden exkommuniziert, verfolgt und als böse Ketzer auf dem Scheiterhaufen verbrannt. Wenn Gott nur das Männliche, das Helle in der Höhe ist und nicht gleichzeitig auch das Weibliche, das Dunkle, das Schattenhafte in der Tiefe, dann ist das »Apartheid Gottes«. Die Abspaltung des Dunklen in Gott führt zu Pogromen, Verhetzung und Verfolgung von Menschen mit anderem Geschlecht, anderer Hautfarbe, Religion, Nationalität, politischer Gesinnung oder sozialer Herkunft.

Zum anderen hat diese Spaltung dazu geführt, dass sich der Mensch über die Schöpfung stellte und sie beherrschte. Erde und Kosmos waren keine lebendigen Wesen mehr, sondern tote Materie, und der Mensch konnte aus rein wirtschaftlichen Interessen Erde, Wasser und Luft vergiften, zerstören und für Eigeninteressen missbrauchen.

Gott des Himmels und der Erde

Heute suchen viele Christinnen und Christen Gott nicht nur »oben«, sondern auch hier auf Erden und tief in uns drin. Unser Gott ist auch ein Gott der Natur, der Schöpfung, des Kosmos und der Gott deines Gartens. Viele Gärtner und Gärtnerinnen wissen zudem: Die Erde, der Kosmos ist nicht tote Materie, sondern ein lebendiges Wesen, mit dem wir in grenzenloser Sympathie verbunden sind. Professor J. E. Lovelock von der Universität Oxford formulierte die »Gaia-Hypothese«, nach der die Erde ein biologisch, physikalisch-chemisches System darstellt, das wir nur nach Art eines großen Organismus verstehen können.

Die Erde ist wie ein Mensch, ein Wesen mit eigenem Leib, eigener Seele und eigenem Geist. Sie ist nicht nur ein Ganzes, sie ist vielmehr ein schöpferisches Wesen, ein unablässig schaffendes und sich wandelndes, dem wir Menschen als kleine Zellen eingewoben sind, und wir leben so lange, wie sich unser Bewusstsein dem Gesamtbewusstsein der Erde sozusagen eindenkt, einempfindet, einlebt. [22]

Die Mystikerinnen und Mystiker aller Religionen haben dies zu allen Zeiten geschaut und gepredigt. Gerade in Judentum, Christentum und Islam ähneln sich die Gedanken und Aussagen in ihrem Kern sehr. Dazu folgende jüdische Geschichte:

Ein Rabbi klagt gegenüber einem anderen Rabbi:
»Jahrelang habe ich Gott gesucht,
doch nirgends habe ich ihn gefunden!«
Darauf der andere Rabbi:
»Womöglich hast du dich nicht tief genug gebückt!«

Einem Gärtner wäre das vermutlich nicht passiert. Seine Arbeit mit brauner und schwarzer Erde lehrt ihn das Bücken. Angelus Silesius schreibt, dass wir den Himmel, das Glück und letztlich Gott nicht außerhalb unserer selbst finden können:

Halt an, wo läufst du hin?
Der Himmel ist in dir.
Suchst du ihn anderswo,
du fehlst ihn für und für![23]

Oder Hildegard von Bingen:

In der Herabkunft des Wortes Gottes
hat uns alle mütterliche Liebe umarmt.[24]

164

Macht mir ein Heiligtum

Christliche Mystiker und Seelengärtnerinnen sind sich einig: Gott ist nicht nur oben im Himmel, sondern auch hier auf Erden bei uns Menschen. In jedem Menschen, jedem Tier, auf jedem Berg, in jedem Baum oder jeder Blume, in jedem Ding kann ich Göttin Gott suchen und finden. Göttin Gott ist in unserer Mitte, im Garten unserer Seele. Im Buch Exodus spricht Gott:

Macht mir ein Heiligtum!
Dann werde ich in eurer Mitte wohnen.
Exodus 25,8

Da das Volk Israel auf der Flucht aus Ägypten noch auf der Wanderung war, war dieses Heiligtum (hebr. »Mikdasch«) vorerst ein transportables Zelt. Darin wurden vermutlich unter anderem auch die Steintafeln der Zehn Gebote mitgeführt.

Die lateinische Bezeichnung für dieses Zelt, oder Stiftshütte, ist »tabernaculum«, das von dem Wort taberna abgeleitet ist und »Hütte« oder »Gasthaus« bedeutet. Dort, wo wir im Weihnachtsevangelium von einer Herberge lesen, steht eigentlich auch »taberna«, also Taverne oder Gasthaus. Gott ist im Stall und im Keller einer Taverne geboren. Auch der Tabernakel in katholischen Kirchen ist ein Zelt und Gasthaus für den Leib Christi.

So wohnt am Anfang der Bibel Gott in einem Zelt – mitten unter den Menschen. Und auch am Ende der Bibel, im Trost-Buch Apokalypse des Visionärs und Mystikers Johannes von Patmos, heißt es:

Seht die Wohnung Gottes unter den Menschen!
(lat.: tabernaculum Dei cum hominibus)
Er wird in ihrer Mitte wohnen
und sie werden sein Volk sein;
und Gott wird bei ihnen sein.
Er wird alle Tränen von ihren Augen abwischen:
Der Tod wird nicht mehr sein,
keine Trauer, keine Klage, keine Mühsal.
Denn was früher war, ist vergangen.
Buch der Geheimen Offenbarung 21,3–4

Wenn Gott sein Zelt, seine Wohnung unter uns aufschlägt, dann werden alle Tränen von unseren Augen abgewischt, der Tod wird nicht mehr sein, keine Trauer, keine Klage, keine Mühsal. Dies ist eine trostvolle und wunderschöne Zusage.

ZUM AUSPROBIEREN:

Stelle ein Zelt für Göttin Gott in der Mitte deines Gartens auf. Ein Zelt, ein Tabernakel, ein Heiligtum, eine Taverne oder ein Gasthaus des Trostes und der Hoffnung. Zum einen in der Mitte des Gartens deiner Seele; zum anderen aber auch in der Mitte deines äußeren Gartens. Eine Wohnung für all das Helle in dir und all das Dunkle in dir, für das in der Höhe und das in der Tiefe, für das Weibliche und das Männliche in dir, für die Fülle und das Nichts, für alle Gegensätze, die ineinanderfallen.

Ich kann mir gut vorstellen, dass dir in deinem äußeren Garten gleich ein besonderer und passender Ort einfällt, an dem du deinen »Herrgottswinkel« oder deine »Fraugöttinnnenecke« einrichten kannst. Ein Symbol für die Mitte deiner Welt. Dies kann ein schöner Baum sein oder eine Blume, die für dich eine ganz besondere Bedeutung hat. Es kann ein schlichtes Kreuz sein, ein schöner Stein, ein verspielter Engel, eine offene Schale, eine Weisheitsgöttin und vieles andere mehr, das deinen Garten schmückt und dich zugleich zur Einkehr und zum Nachdenken einlädt. Der Fantasie sind keine Grenzen gesetzt. Ist in deinem Garten die geografische Mitte absolut nicht für eine solche Gestaltung geeignet, dann zögere nicht, »dein Zentrum« zwei, drei Meter daneben zu pflanzen.

Frage dich selbst, frage den Garten in deinem eigenen Inneren: »Was ist die Mitte meines Selbst? Was ist die Mitte meiner Seele? Was ist mein Lebensmittelpunkt?« Setze in deinem realen Garten ein Symbol, einen Hinweis, auf deinen heiligen, inneren Garten.

Möge Frieden auf Erden sein

Eine besondere Idee für einen heiligen Ort und heilenden Platz im Garten ist auch ein »Friedenspfahl« im Privatgarten. Diese Idee geht von Masahias Gois aus, der bereits 1969 damit ein Symbol für Frieden und Gerechtigkeit setzen wollte. Inzwischen gibt es bereits mehr als 200.000 Friedenspfähle in über 160 Ländern auf der Welt. Friedenspfähle sind etwa 2,5 Meter hoch, aus Stein, Lärchenholz oder Metall und tragen in mehreren Sprachen die Aufschrift: »Möge Frieden auf Erden sein!« Man findet sie in Tempeln, Kirchen, Klöstern, Stadtzentren, Universitäten, Schulen und Privatgärten. Sie sind stummes Friedensgebet und ermahnen uns, stets den Frieden zu visualisieren und für möglich zu halten (siehe www.worldpeace.de).

Wieder auf der Gartenbank –
Nachwort

Die Arbeit zu meinem Buch habe ich gerade abgeschlossen, und so sitze ich wieder auf meiner Gartenbank vor meinem Bauerngarten und genieße den Feierabend im Licht der untergehenden Sonne. Weißer Ehrenpreis, blauer Rittersporn und die zweite Blüte der alten, englischen Rosen erwidern das Sonnenlicht und leuchten kraftvoll zurück. Schön, dass du noch immer bei mir sitzt, dass du meinen Gedanken und Betrachtungen durch dieses Buch gefolgt bist.

»Die Seele ist wie ein Garten, ein Garten Gottes, und wenn wir in unserem äußeren Garten arbeiten, können wir vieles für unsere Seele lernen!« Dies ist die Grundthese meines Buches. Und wahrhaftig. Durch die Arbeit an diesem Buch entdeckte ich immer mehr Gemeinsamkeiten zwischen äußerem und innerem Garten. So erkannte ich beim Schreiben, dass sowohl im äußeren Garten als auch im Garten der Seele die Arbeit nie ganz abgeschlossen ist. In der einen Ecke muss noch etwas Unkraut gejätet

werden, in der anderen brauchen die Blüten eine hilfreiche Stütze und die Zwetschgen warten darauf, geerntet zu werden. Ebenso im Garten der Seele: Hier ist vielleicht mehr Muße nötig, das innere Kind will geachtet werden, sehnt sich nach Anerkennung; dort braucht es noch eine helfende Hand und an jenem Ort darf ich noch Früchte meiner Seele ernten.

Zudem ist sowohl in meinem äußeren Garten als auch in meinem Garten der Seele immer etwas los, es ist nie ganz still. Da ist unentwegt Bewegung. Käfer krabbeln über den Kompost, Bienen und Schmetterlinge summen, schwirren, flattern zwischen den Blüten und zwei Rotkehlchen zwitschern auf dem Birnbaum. Auch die Seele ist ständig in Bewegung: da kriecht, krabbelt, fliegt und zwitschert immer irgendetwas. Ruhelos ist der Garten und ruhelos bin auch ich.

Ruhelos war auch das Herz Jesu, als er kurz vor seinem Tod im Garten Getsemani zu Gott betete. Die Angst vor dem Tod, vor dem nahenden Ende, trieb Jesus in einen Garten. Hier schöpfte er Kraft, seinen eingeschlagenen Weg bis zum Ende zu gehen. In einem Garten konnte er sagen: »Nicht mein, sondern dein Wille geschehe!«

Ostermorgen geschieht in einem Garten

In einem Garten ist es, wo am Ostermorgen Maria von Magdala dem Auferstandenen begegnet. Wie könnte es auch anders sein. So sagt die Bibel etwas, das wir Gärtner und Gärtnerinnen schon immer intuitiv wussten: Tod und Auferstehung geschehen immer in einem Garten.

Auch die Zukunft der Schöpfung, die Zukunft der Menschheit, die Zukunft deines Selbst wird in einem Garten sein. In deinem äußeren Garten und im Garten deiner Seele. So meint der Mystiker Meister Eckhart, dass Gott die Zukunft seiner Schöpfung vorweg in der Seele des Menschen schaffe. All das, was die Zukunft bereithält, wächst, gedeiht und reift zuerst im Garten deiner Seele. Wenn Neid, Eigennutz und Missgunst in den Gärten der Seele der Menschen wachsen und heranreifen, dann wird auch die Zukunft der Menschen von Neid, Eigennutz und Missgunst geprägt sein. Wenn aber Barmherzigkeit, Liebe und Respekt in unseren Herzen und den Gärten unserer Seelen wachsen, dann wird auch unser aller Zukunft geprägt sein von Barmherzigkeit, Liebe und Respekt.

So wünsche ich dir und mir für die Zukunft von uns allen, dass immer mehr Menschen aus der Beschäftigung mit den äußeren Gärten lernen, sich entwickeln und entfalten und dass die Menschheit somit in den inneren Gärten ihrer Seelen neue Qualitäten wachsen und reifen lässt, die das Angesicht der Erde erneuern.

Anmerkungen und verwendete Literatur

1 Vgl. Kaschnitz, Marie Luise: *Seid nicht so sicher. Geschichten, Gedichte, Gedanken*, Gütersloh 1979, S. 73

2 *Bibel in gerechter Sprache*

3 *Ebda.*

4 Zit. nach: Schwester M. Josefa O.P.: *Voll von Duft und Geschmack*, in: Kloster Arenberg: *Der Wohlfühlgarten Gottes. Mit allen Sinnen zu neuer Vitalität*, Reinbek bei Hamburg 2007, S. 140

5 Wild, Rebecca: *Freiheit und Grenzen – Liebe und Respekt. Was Kinder von uns brauchen.* Freiamt 1998, S. 71f.

6 Storl, Wolf-Dieter: *Mit Pflanzen verbunden. Meine Erlebnisse mit Heilkräutern und Zauberpflanzen*, Stuttgart 2005, S. 13

7 Coelho, Paolo: *Auf den Kampf vorbereitet, doch voller Zweifel*, in: *Sei wie ein Fluss, der still die Nacht durchströmt. Geschichten und Gedanken.* Zürich 2006, S. 26

8 Meister Eckhart, zit. in: Zink, Jörg: *Dornen können Rosen tragen: Mystik – die Zukunft des Christentums*, Freiburg i.Br. ²2009, S. 113

9 Marti, Lorenz: *Mystik an der Leine des Alltäglichen*, Freiburg i.Br. 2010

10 Thich Nath Hanh: *Die Sonne, mein Herz. Wie Glück entsteht*, Freiburg i.Br. 1997, S. 33

11 Bibel in gerechter Sprache, S. xx

12 Schlingensief, Christoph: *So schön wie hier kanns im Himmel gar nicht sein. Tagebuch einer Krebserkrankung*, Köln 2009, S. 250

13 Sagan, Carl, Quelle unbekannt

14 Zink, Jörg, *Dornen können Rosen tragen*, S. 317

15 Rilke, Rainer Maria, *Verschollene Parks und Gärten*, Husum 2005, S. 107

16 Autor unbekannt

17 Mey, Reinhard, *Sommermorgen*

18 Tauler, Johannes, zit. in: Zink, Jörg: *Dornen können Rosen tragen …*, S. 108

19 von Goethe, Johann Wolfgang, Aus einem Brief an die Gräfin Auguste zu Stolberg, Zitatstelle unbekannt

20 Ders.

21 Nietzsche, Friedrich, Quelle unbekannt

22 Zink, Jörg, *Dornen können Rosen tragen …*, S. 292

23 Angelus Silesius, zit. in: Halbfas, Hubertus: Religionsbuch für das 3. Schuljahr, Düsseldorf 1985, S. 88

24 von Bingen, Hildegard, zit. in: Zink, Jörg: *Dornen können Rosen tragen …*, S. 228

Einige Quellenangaben waren trotz Bemühungen des Verlags nicht oder nur ungenau möglich. Der Verlag ist für weitergehende Hinweise dankbar.

Literaturempfehlungen

Zum Thema Garten:

Brickell, Christopher (Hrsg.): *Garten- und Zimmerpflanzen. Das praktische Standardwerk für jeden Gärtner,* The Royal Horticultural Society, Dorling Kindersley Verlag, München 2000

Capek, Karel: *Das Jahr des Gärtners,* Aufbau Verlag, Berlin 2010

Cliff, Stanford: *1000 Gartenideen,* Christian Verlag, München 2008

Conran, Terence/Gavin, Diarmuid: *Das neue Gärtnern. Design mit Pflanzen für Gärten des 21. Jahrhunderts,* Deutsche Verlagsanstalt, München 2010

Fischer-Rizzi, Susanne: *Blätter von Bäumen. Legenden, Mythen, Heilanwendungen und Betrachtung von einheimischen Bäumen,* AT Verlag, Baden (CH) 2007

Fischer-Rizzi, Susanne: *Mit der Wildnis verbunden. Kraft schöpfen, Heilung finden,* Franckh-Kosmos Verlag, Stuttgart 2007

Hirsch Siegrid/Grünberger Felix: *Die Kräuter in meinem Garten,* freyaverlag, Linz 2006

Don, Monty: *Genial gärtnern. Biologisch und naturnah,* Dorling Kindersley Verlag, Starnberg 2004

Musgrave, Tobi: *bauerngärten. cottagegärten,* Christian Verlag, München 2005

Ploberger, Karl: *Der Garten für intelligente Faule. Das etwas andere Gartenbuch,* Agrarverlag, Leopoldsdorf 2002

Quest-Ritson, Charles u. Brigid: *Rosen. Die große Enzyklopädie,* The Royal Horticultural Society, Dorling Kindersley Verlag, Starnberg 2004

Robinson, Peter: *Wassergärten. Planung – Anlage – Pflege,* The Royal Horticultural Society, Dorling Kindersley Verlag, Starnberg 2004

Scarman, John: *Gärtnern mit alten Rosen,* Christian Verlag, München 2003

S.K.H. Prinz v. Wales: *Der Garten von Highgrove,* Busse Seewald Verlag, Herford 2001

Toogood, Alan (Hrsg.): *Pflanzenvermehrung. Die besten Methoden für 1500 Zimmer- und Freilandpflanzen,* The Royal Horticultural Society, Dorling Kindersley Verlag, Starnberg 2005

Zum Thema Seele und Mystik:

Funke, Dieter: *Der halbierte Gott. Die Folgen der Spaltung und die Sehnsucht nach Ganzheit,* Kösel-Verlag, München 1993

Ganoczy, Alexandre: *Theologie der Natur,* Benziger Verlag, Zürich 1982

Grün, Anselm/Müller, Wunibald: *Was ist die Seele. Mein Geheimnis – meine Stärke,* Kösel-Verlag, München 2008

Kloster Arenberg: *Der Wohlfühlgarten Gottes. Mit allen Sinnen zu neuer Vitalität,* rororo Verlag, Reinbek bei Hamburg 2007

Marti, Lorenz: *Mystik an der Leine des Alltäglichen,* Herder Verlag, Freiburg i.Br. 2010

Rohner-Dobler, Felix: *Der Sohn des Joseph von Nazareth,* edition nove, Neckenmarkt 2008

Steindl-Rast, David: *Fülle und Nichts. Die Wiedergeburt christlicher Mystik,* Goldmann Verlag, München 1984

Walch, Gerhard M.: *Wandlung zum inneren Himmel. Gedichte, Texte, Fotografien,* Bucher Verlag, Hohenems 2007

Zink, Jörg: *Dornen können Rosen tragen. Mystik – die Zukunft des Christentums,* Herder Verlag, Freiburg i. Br. 2009

Text- und Bildnachweis

S. 24, 33 und 109 *Bibel in gerechter Sprache* © by Gütersloher Verlagshaus, Gütersloh, in der Verlagsgruppe Random House GmbH, München

S. 47 Sr. M. Josefa op, aus: Kloster Arenberg, *Der Wohlfühlgarten Gottes,* Rowohlt Verlag, Reinbek bei Hamburg 2007, S. 140

S. 51 Rebeca Wild, aus: *Wild, Freiheit und Grenzen – Liebe und Respekt* © Beltz Verlag, Weinheim/Basel ³2010

S. 86 Wolf-Dieter Sporl, aus: *Mit Pflanzen verbunden* © Franck-Kosmos Verlags-GmbH & Co. KG, Stuttgart, S. 13

S. 86 Paulo Coelho, aus: *Sei wie ein Fluss, der still die Nacht durchströmt.* Aus dem Portugiesischen von Maralde Meyer-Minnemann © Diogenes Verlag AG Zürich 2008, S. 26

S. 102 © Marco Rosario Venturini Autieri, istockfoto

S. 125 © Egor Mopanko, istockfoto

S. 126 Reinhard Mey, CD *Jahreszeiten* © Edition Reinhard Mey, Berlin

S. 126 © Jelena Veskovic, istockfoto

S. 132 © Fyle, Fotolia

Alle Fotos (außer auf S. 102, 125, 126, 132) stammen vom Autor, Felix Rohner-Dobler, Hard / Österreich

Gott im Berg erleben

Helmut Betz, Knut Waldau
DER ERDE NAH – DEM HIMMEL ENTGEGEN
Ein Pilgerführer für die Alpen
Mit Tourenbeschreibungen
ISBN 978-3-466-36849-5

In den Alpen gibt es eine lange Pilger- und Wallfahrtstradition. Beim ruhigen, langsamen Gehen durch die Natur fällt jeder Zeit- und Leistungsdruck ab. Über Höhen und Tiefen begegnen wir dem eigenen Leben. In der Stille des Waldes und der Weite grüner Wiesen holen wir Atem und orientieren uns für den Alltag ganz neu.
Handlich, wunderschön illustriert und mit allen notwendigen sachlichen Informationen, ist dies ein Wanderführer der anderen Art.

www.koesel.de Sachbücher & Ratgeber